U0731919

A股价值成长
投资之路

疯狂的里海◎著

中国铁道出版社有限公司
CHINA RAILWAY PUBLISHING HOUSE CO., LTD.

内 容 简 介

　　本书分为五部分。第一部分对目前 A 股市场进行了多个角度的分析；第二部分通过具体案例的实战分析，找到符合自己选股标准且基本面良好的标的；第三部分阐述好股也需要好价格的理念；第四部分就一些价值投资中需要注意的核心问题进行阐述和发表看法；第五部分分析为什么说消费股是最适合散户长期投资的标的。

　　本书是献给普通散户的一本如何运用价值投资的入门级书籍。从本书的内容来看，既有理论研究探讨，又有实战案例的展示，特别适合在市场上吃过亏，对价值投资有那么一点理解但又没有找到具体方法，尚处于困惑中，特别想进阶的散户。

图书在版编目（CIP）数据

　　A 股价值成长投资之路 / 疯狂的里海著 . —北京：中国铁道出版社有限公司，2019.6（2020.9 重印）

　　ISBN 978-7-113-25591-6

　　Ⅰ．① A⋯　Ⅱ．①疯⋯　Ⅲ．①股票投资 – 基本知识 – 中国Ⅳ．① F832.51

　　中国版本图书馆 CIP 数据核字（2019）第 039412 号

书　　名：A 股价值成长投资之路
作　　者：疯狂的里海

责任编辑：张亚慧　　**编辑部电话：**（010）51873035　　**邮箱：**lampard@vip.163.com
封面设计：MXK DESIGN STUDIO
责任印制：赵星辰

出版发行：中国铁道出版社有限公司（100054，北京市西城区右安门西街 8 号）
印　　刷：三河市宏盛印务有限公司
版　　次：2019 年 6 月第 1 版　　2020 年 9 月第 6 次印刷
开　　本：700 mm×1 000 mm　1/16　**印张：**14.5　**字数：**193 千
书　　号：ISBN 978-7-113-25591-6
定　　价：55.00 元

致散户

这是一本送给普通散户的书。如果你完全是一个股市小白，没有任何经验、经历，也没有任何投资炒股的知识，没有经历过巨亏，那么你不适合看这本书，因为你没有那种割肉的切肤之痛，不能理解本书，会对本书所说的理念嗤之以鼻；如果你是道行很高的高手，已经形成了自己的稳健盈利的方法和投资哲学，也不适合看这本书，因为你对投资的理解，你的段位远高于我，本书所阐述的理念，你早已了然于胸；如果你是专业投资机构的成员，也不适合阅读本书，因为专业投资机构的打法和普通散户的打法完全就是截然不同的两码事。

这本书适合哪类人呢？适合于有一点基础，而且经历过亏损，又对股市充满了困惑的散户，因为我就是一个散户。

不知不觉，我已经进入这个市场 16 年了，就算从 2007 年认真研究这个市场开始，也有 12 年了。我经历过 2001–2005 年的大熊市，见证了 2007 年 530 的"半夜鸡叫"，2008 年全球金融危机下的超级大熊市，2013 年光大证券乌龙指事件以及 2015 年超级残酷的杠杆股灾等。

在经历了这么多的风风雨雨后，我逐渐成为一个成熟的投资者。2015年的股灾对我的触动特别大，当时我已经是一个比较成熟的投资者，股灾期间，我基本可以坦然面对一波又一波的疯狂杀跌，最终我成功地迈过了股灾，年终盘算还盈利不少。但我周围若干朋友和同事却没有这么幸运，不少资产上千万的朋友几天就清零，一辈子的奋斗毁于一旦。更惨的还是卖房炒股的工薪阶层朋友，本身靠劳动力赚钱非常不易，辛辛苦苦存了几十万元，没想到后面连房子都亏出去了。

我曾收到一位散户的求助信，字字泣血，摘录如下：本想挣个菜钱，却轻视了股市有风险投资需谨慎的警示，菜钱没挣着，却把积蓄亏得所剩无几，后来急于弥补损失，看各种学习视频，听各种讲座，却不料钻进骗子的圈套，短短四天又亏进去 12 万元，绝望崩溃至极。

经历了这么多之后，特别是在股灾之后，我开始在网上以散户的角度撰写投资心得，有成功的喜悦，有失败的沮丧，也有记录自己在股灾期间的所思、所悟，没想到逐渐得到了很多朋友的认可，也通过以文会友，认识了不少志同道合的同行者。

虽然我知道普通散户在二级市场的群体性失败是不可避免的，但我希望有缘之人看到我的文章后，应该多少会有所触动，例如上文所述那位轻生过的大姐，经过我和她的深度交流，至少消灭了她心中的惶恐和不安，能否悟道要看她自己的造化了，但她至少已经明白了之前为什么会错，会巨亏，未来能够以平和的心态面对盈利和亏损。

从投资的方法论来看，具体盈利的方法是很多的，我在不同的阶段也尝试过不同的方法，例如听消息、看 K 线、跟庄、程式化交易等，最终我还是走到价值投资的道路上来。我并不是说散户一定要做价值投资才能够盈利，其实只有适合自身的性格、能力、知识等的方法才是最好的方法。我也认识几位做程式化交易、做量化交易非常厉害的高手，但我却在这条路上没有能走出来，因为的确不适合我。

只不过，通过这么多年的具体实践，我认为价值投资的确应该是最适合散户的方法。价值投资是大概率的盈利事件，只要自己有足够的耐心，介入标的价格适中或者偏低，那么拉长时间段，盈利概率极大。

以我在 2015 年的投资为例，虽然股灾中几乎所有的股票都腰斩了，但我持有的股票因为质地优良，我对其有信心，所以我在标的下跌过程中不仅未杀跌，反而在认为估值合理后越跌越买，因此在 4 季度的反弹中收获不菲，这种与趋势交易反其道而行之的方法，仍然能够获利。因此，到底哪种方法适合自己，得在实践中不断地摸索，慢慢地形成自己的投资方法。

对投资的悟，是一个由简单到复杂，再到简单的过程，如果用一句话来概况投资的真谛，那就是：在低估的时候买入优质的公司，等到高估的时候卖出，也就是说好行业、好公司、好价格，就这么简单，就像减肥就是要迈开腿、管住嘴，可就是这么简单的道理，又有多少人可以十年如一日地去执行？

投资知易行难，如何克服人性的贪婪和恐惧的弱点是需要人生历练的。这就是投资最大的难点，需要用长时间去修炼。

散户之所以亏损面如此之大，想走捷径、想短期暴富的心理起到了极大的反向作用。越想暴富，亏得越凶；越想走捷径，死得越快。我越来越觉得，炒股这件事，要不就不干，如果要干，就要一竿子撸到底。但太多的人又想干，又不想一竿子撸到底，总是在想找捷径，不想踏踏实实地搞，总想投机取巧，这怎么可能在这样一个残酷的市场中生存？

投资者如果想炒股成功，一是要朝正确的方向努力，二是不言弃，屡败屡战，总结经验，多学习多研究。我相信只要不是傻瓜，基本上最终都可以到达终点，不同的是实力强的人早点到，而实力弱的晚点到而已。现在互联网这么发达，资讯传播这么快，多看几本经典书籍，多逛逛投资论坛，看看牛人、前辈是怎么做的，应该很快就会明白什么是正确的路，剩下的就要靠自己艰苦地努力了，多努力一点，离终点就近一点。

　　与君共勉，谨以此书献给所有的散户朋友，如果各位朋友阅读完本书后能够有所悟，那么对我而言，就是极大的鼓励，也欢迎大家关注我的同名公众号：疯狂的里海（feng kuang li hai）。由于作者水平有限，疏漏在所难免，不足之处，欢迎各位朋友批评指正。

编　者

2019 年 3 月

| 目 录 |
CONTENTS

第 1 章

看懂投机与投资，最适合散户的盈利之道

本章主要内容包括：

➤ 有关股市的现实——负和博弈的市场

➤ 处于食物链底端的散户

➤ 渴望暴富，克服不了人性的弱点是散户亏损的根源

➤ 很遗憾，股市永远是一个少数人赚钱的市场

➤ 为什么我投资房地产持续盈利而投资股票却伤痕累累

➤ 投机——概率的世界

➤ 股价的长期走势与其业绩正相关

➤ 价值投资才是最适合普通散户的盈利之道

1.1 有关股市的现实——负和博弈的市场

有些新手可能会认为："股市哪里有这么难啊？"的确，进入股市的门槛非常低，开个户关联一张银行卡就行了，以前还需要到营业厅去现场办理，现在更加容易、简单，直接在手机上面下载个证券公司的 APP，远程开户，几分钟就好，转入一笔钱就可以交易了。市场里的机会也非常多，每一秒钟都有波动，有波动就有赚钱的机会，理论上只要每天抓住一个小的波动机会就可以赚大钱，这也是这么多人沉迷于日内波动交易机会的原因。

然而现实很残酷，看似到处都是金子的股市，散户赚钱却极为艰难。中国这个市场到底是怎样的一个市场？市场上流传的话是 1 赚 2 平 7 亏，大家应该耳熟能详了吧，其实我觉得在中国市场，这还不怎么准确，应该是最多 5% 的赚钱，5% 的持平，90% 的人亏损，我很少看到我周围的人有稳定盈利的，一两年赚钱不叫有本事，牛市的时候谁都可以赚钱，难就难在长期稳定盈利。

散户交易的是股票，我们先来看看股票是什么？股票标准定义如下：股票是股份公司在筹集资本时向出资人或投资者公开或私下发行的、用以证明持有者（股东）对股份公司的所有权，并根据持有人所持有的股份数享有权益和承担义务。股票是一种有价证券，每一股同类型股票所代表的公司所有权是相等的，即"同股同权"。股票可以公开上市，也可以不上市。在股票市场中，股票是投资和投机的对象。股票是股份公司资本的构成部分，可以转让、买卖或作价抵押，是资本市场的主要长期信用工具，但不能要求公司返还其出资。

因此，股票代表上市公司的权益，股票后面是一家公司，持有股票就代表持有者有那么一点权利和义务，是公司的投资人。

同时，公司又分为上市和非上市，而证券市场交易所则是政府设立的针对上市公司股票的交易场所。证券市场是金融业伟大的创新，政府设立了股市，创造了证券，做成了一种标准化的金融产品，把一家规模很大的企业拆分成了若干份，让普通人都能享受公司的收益，成为公司的主人。

并且，政府还成立了交易所，让股民手中的股票能够随时交易，而且随着网络的发展，每个股民无论在世界的哪个地方，只要有网络就可以进行交易、买卖股票。

政府的出发点很明确，也非常好，即让优质的企业能够通过这个市场融到资金用于发展，让广大的股民能够方便地持有公司的股票，获得公司成长的收益。但正是随时随地都能交易股票，导致绝大部分人把股市当成一个投机的场所，而忘记了股票后面的企业，绝大部分人把股市当成一个赌场，忘记了投资。

股市到底是不是赌场？

赌场有很多特征，且不说其他的特点，就其中之一来对比，就是负和的概念。赌场最重要的一个特征就是不可能所有的人都赢钱，例如我们平时打麻将，四个人坐在一起，而茶馆老板就类似于赌场老板，或多或少都要收取一点摊位费，那么这就是一个负和的游戏，无论打多久，不可能最后四个人都赢钱，也许 1 输 3 赢，也可能全部都输，总之最确定的是茶馆老板肯定是赚钱的。

反观股市，这同样也是一个类似负和游戏的市场，茶馆老板的角色就变成了各大上市公司以及各类机构，政府要收取印花税，券商要收取佣金，各个上市公司不断地溢价减持，最后剩下各路人马在市场里面征战交易，博取收益。

我大概算了一下 A 股的数据，以 2015 年为例。

A股价值成长投资之路

2015 年，整个 A 股市场的上市公司，体现在报表上的净利润大概是 27600 亿元，那么公布的分红数据，大概是 7000 亿元，也就是说，只有这 7000 亿元是大家可实际用来分的钱。这是什么意思呢？27600 亿元净利润只是账面数据，我认为比较虚，有很多可调节报表利润的方法，唯有拿来分红的钱，才是真真实实的钱。

那么成本呢？我认为有以下几个渠道持续不断地在市场上抽钱。

一是印花税。公布的数据，印花税尽管是单向收取，且只有千分之一，但总额仍然高达 2500 亿元；目前的印花税已经很温柔了，之前是千分之三，还是双向收取。

二是交易佣金。目前市场上极限佣金可以达到万分之二左右。按照（双向收费万分之四）计算，全年交易约 250 万亿元，大概是 2000 亿元的佣金支出。而我简单查询了 A 股历史总成交，累计大约 500 万亿元的历史成交量，2015 年就贡献了历史的一半。这么高的成交量有一个重要的原因，除了 2015 年有大牛市的原因，还有一个重要原因就是智能手机的普及，随时随地很方便地就能交易，两个原因叠加，就形成了超级成交量。高换手率的背后，就是散户大面积的亏损。我开账户券商的客户经理是一个小伙子，1989 年出生的，业务能力极其突出，手下有几千个经纪客户，2015 年佣金提成高达 100 多万元。2007 年，我才开始学股的时候，我的一个亲戚有 20 万元资金，2007 年浮盈了大概不到 20 万元，结果佣金手续费也耗费掉接近 20 万元，其实那年只要随便捂一只股，都是 5 倍以上的收益。

三是大小非减持。对市场来说，大小非才是真正的庄家，他们手握巨大筹码，并且更重要的是，他们持有的筹码，成本几乎可以忽略不计。一个企业，实际销售收入不到 3 亿元，每年利润三四千万元，净资产也可能只有两三亿元，可是一上市，市值可以高达几十亿元，这种巨大的套利空间，很难没有不套现的冲动。2015 年，大小非累计套现 4500 亿元，而大小非的成本几乎可以忽略不计，大非赚的钱是哪里来的？还不是从市场上来的？我曾经去拜访过一个企业，市值 100 多亿元，每年净利润一两亿元，有一天，我看到这家公司发了一个公告，说实际控制人的儿子，清仓减持他所持有的公司的股票，价值 5 亿元，而他持有的成本几乎可以忽略不计，赚的主要就是一二级市场价差的钱，本质上还是在二级市场上抽钱。

四是各种融资成本。以最正规的融资融券为例，年成本大约为 8%，保守按照 1 万亿元的融资余额来说，年成本大约为 800 亿元。还有各种类似打擦边球的民间配资、场外配资等，月息高达 1 分 5，甚至两三分以上。关于这类资金的规模，在股灾前的巅峰期，预计不会少于 2 万亿元。的确成本太高了，最近又有下降的趋势，每年估计也要抽钱一两千亿元。

五是各类其他成本。一些关于炒股的收费群，软件，虽然没有从市场直接拿钱，但钱实际上还是从股民身上出，羊毛出在羊身上，每年具体多少无法确定。

综上来看，只是初步统计而已，各类成本真是繁多，加总早就超过了每年 7000 亿元的分红金额，也就是说整个市场其实只是一个负和市场而已，你赚的就是我亏的，我赚的就是某人亏的，或者就是前人赚后人的钱。

从这个角度来看，股市与赌场的特征很相似，而广大散户的操作手法也很类似，就是投机，和赌客没有多大的区别。从这个角度来看，在股市中拼杀的各路人马，是不可能都赚钱的，总有人是亏钱的。是哪些人马在拼杀？机构、公募、私募、上市公司、普通散户。而在各个参与群体中，散户最为弱势，要信息没信息，要技术没技术，要资源没资源，还指望散户普遍性盈利？

1.2 处于食物链底端的散户

不知是谁发明了散户这个词，让我觉得很贴切。当然，内心也感觉很悲哀。准确的说法，应该是叫投资者，所有在股市里面投入了资金的人或机构，都是投资者。而"散户"这个词，我却认为有歧视的意思，查了下百度百科，对散户的定义如下：散户主要是指资金实力较小的投资者，其入市的资金一般也就三、五万元甚至更低，基本由工薪阶层组成。散户的人数众多，约占股民总数的95%，在证券营业部的交易大厅内从事股票交易的一般都是散户。由于资金有限、人数众多，在股市交易中散户的行为带有明显的不规则性和非理性，其情绪极易被市场行情和气氛左右。

一个字，散，寓意力量弱小，寓意被人"欺负"，寓意孤立无助。

既然 A 股是一个负和的市场，而在市场里的各路人马的目的都是要想办法赚钱，因此存在一个巨大的食物链，那么能不能赚到钱就看投资者自己的能耐了。下面就来说说为什么散户处于食物链底端。

食物链是什么意思？在生态系统中，大鱼吃小鱼，小鱼吃虾米，虾米吃水草，这就是一个食物链，一种自然法则，实质就是有能耐的欺负没有能耐的，能耐大的欺负能耐小的，而 A 股的食物链，则与此自然法则极为相似。

食物链顶端是规则制定者及上市公司实权人物。按照设计的初衷，规则制定者是不能依靠手中的权力来谋取利益的，公司上市的目的是融资再发展而不是减持套现，但在实际落地的时候就变味了。顶层设计者如果想在这个生态链内赚钱太容易了，割韭菜就是分分钟的事情。马克思曾说过，要是有100%的利润，资本家就会铤而走险，而在这个市场中，这诱惑远比100%要高得多，面对如此高的利益，有几个人能够控制自己的欲望？

食物链的中端是各路"兴风作浪"的资金，包括公募、私募等机构以及所谓的庄家和主力，还有部分散户顶尖高手，例如宁波敢死队等。一般来说，此类资金会利用散户的人性弱点来设局，比如形态健康的股票，机构偏要挖坑，刚启动的股票却要转身下跌。散户买入后却一直不涨，等到套牢割肉却一骑绝尘。游资是占据股市食物链中端的极少数真正的散户顶级高手，他们在大海中高度敏锐，在鳄鱼将要大开吃戒之时通常能成功潜逃，在小鱼虾米集群时又能成功狙击，分得一杯羹，这些独特的本领使其在残酷的环境中坚强地生存。

下面通过几个案例，看看各路人马是如何来收割散户的：

（1）证监会原副主席姚刚被查案件

姚刚被查涉及的问题：为拟上市企业 IPO 提供便利，存在不当利益输送关系……

点评：作为市场规则的制定者，手中握有市场上所有参与者的生杀大权，在食物链的顶端，在这个位置应由极为正直且富有业务能力的人来担任，因为其一旦心生邪念便会使市场陷入血雨腥风、万劫不复的境地。

（2）徐翔被查案件

2017 年 1 月，曾经受万人膜拜的一代"股神"徐翔因犯操纵股票市场罪而跌落神坛，被判有期徒刑 5 年半，罚金 110 亿元人民币（3 位被告共计 120 亿元），创下中国个人经济犯罪被处罚金的新纪录。

点评：从案情来看，这就是典型的操纵市场，操纵股票的短期涨跌。股价的长期涨跌是由公司的基本面确定的，但短期的波动却是由资金面决定的。十几年前最流行的方法就是跟庄，庄就是股票里面的大资金，决定股票的短期走势，毫无疑问，徐翔在里面充当的角色就是庄，和上市公司大股东串通做局，大股东不断地讲故事，描述企业辉煌的未来，徐翔配合着在二级市场不断地拉抬股价，引起散户的不断追涨，达到大股东的理想价位，大股东再释放最大的利好，最后大股东和徐翔高位减持。从此股价如霜打的茄子，再也不会回头，大股东描绘的公司未来，一个也没有实现，把一众散户套在了山顶上。运用大额资金，短期操纵股价，肆意妄为地收割散户，而散户追涨杀跌的劣根性决定了其极易上套，极易跟风，从而造成巨额亏损。

（3）乐视造假及贾跃亭减持

自 2010 年到 2017 年上市 7 年时间里，乐视网累计融资 300.77 亿元，其中直接融资 92.89 亿元，占总融资额的 30.88%；间接融资 207.88 亿元，占总融资额的 69.12%。

而乐视网上市 7 年来，总共赚了多少利润呢？2010—2016 年 7 年间的净利润之和才为 21.42 亿元。

减持方面，2015 年 6 月，贾跃亭完成了首个批次的减持，金额是 25 亿元左右；2015 年 10 月 30 日，贾跃亭第二次减持，涉及金额 32 亿元；2017 年 1 月，贾跃亭第三次套现，金额达 60.41 亿元。即贾跃亭个人从上市公司累计套现 117.5 亿元。

点评：总融资 300.77 亿元，减持套现 117.5 亿元，总共只赚了 21.42 亿元，上市公司不断地讲故事，不断地从市场里面拿钱，然后大股东不断地减持，轻松套现一百多亿元。这么巨大的差额是谁在埋单呢？还不是只有普通散户。

小结：在整个市场里面，普通散户就是整个食物链最底端、最容易被收割的对象，股市里面处于食物链最顶端的大股东的力量太强大，他们想割韭菜太容易。

散户在这个不公平的赌场里，就是最底层的投资者，天生就是被收割的对象。

所以 2015 年这么多人破产，2016 年有 77% 的亏损面，2017 年仍然有 71% 的人亏损。

散户炒股，和打牌是一样的道理，什么都不懂就上来炸金花，可能靠运气好摸到几把好牌，瞎猫碰到死耗子，赢了几把是可能的，但只要打久一点，必输无疑。

大家是不是感觉很沮丧？我也一样。2001 年，我阴差阳错去开了证券账户，投入大半年的生活费 5000 元，乱炒，最后套牢不管不问，到 2005 年一看还剩 1500 元；2007 年开始认真学习，20 万元入市，2008 年还剩四五万元；2010 年再拿 20 万元入市，在 2013 年初步摸到股市的门道前，还剩七八万元。现在回想起来，主要原因就是没有认清股市的现状，认为股市钱好赚，试图依靠投机的方式去战胜市场。真是太自不量力了，怎么可能赢，**根本不是一个量级的选手**。

1.3 渴望暴富，克服不了人性的弱点是散户亏损的根源

从 1.2 节我们可以领悟到，在这个市场的生态链中，散户处于最底端的位置，各方面都不占优势，但是散户一般非常自大，认为自己能够凭借各种小聪明战胜市场，要用自己不擅长的方面去正面和市场中的各路力量去斗、去赌，这种情况不亏才怪。俗话说，久赌必输。

我炒股这么久，反复亏赚了好几次，不是技术问题，而是心态问题。心态才是导致亏损的决定性因素。我认为我的自学能力还是比较强的，我最懂技术的阶段应该是在 2008 年。我从 2007 年开始认真学习炒股知识，当时买了很多炒股类的书籍，白天我认真看盘和做交易，然后其余时间就用来研究和学习，常常一研究就是一通宵，有时候睡觉时天都已经亮了，然后又要挣扎着在开盘之前起床。

通过这种废寝忘食般的学习，半年内我基本掌握了股评所需要的几乎所有知识点，对每种形态、每种技术都可以脱口而出，什么技术指标都难不倒我。不用说最简单的均线和 K 线，连复杂的波浪理论、江恩四方、角

度线等，我都可以信手拈来，但最终还是赚不了钱。2008 年大熊市当头一棒，把我彻底敲昏了，后来又过了好几年，最终我深刻地认识到，我赚不了钱的原因是还没有过心态这一关。

心态在投资的重要性中，要排在专业技术和知识的前面，一个最简单的例子，如果说学好专业技术就能赚到钱的话，那么大学金融学教授就应该是最赚钱的，然而不是。现实生活当中，金融学教授搞投资，并不一定比普通人强。

但市场营业部门口卖茶叶蛋的大妈，什么专业技术都没有，但她炒股却赚到钱了，为什么？因为她逆人性操作。营业厅冷清到没有人的时候，她就买，营业厅人山人海的时候，她就卖，结果赚到了钱。

有人说二级市场的设置正好契合了人性的弱点，让人性的弱点在这个市场上被无限放大，这么说确实有一定的道理。本来国家建立这个市场，就是为了让大家都能享受经济增长和企业成长的红利，而广大散户却要用自己最不擅长的方式来参与这个市场。

最难的是克服自己的心魔，而这与学历无关，与专业技能无关，克服不了，不能够做到逆人性，就永远过不了炒股稳定长期赚钱这一关。

要克服人性的哪些方面？懒惰、贪婪和恐惧。

其实人是很勤奋和努力的，我们中华民族的辛勤和努力程度在世界上都是排在前面的，但绝大部分人为什么在股市中就变得如此懒惰呢？我真没有搞明白出现这种情况的真实原因，也许是一种人所共同具有的特殊的心理现象。

例如，人们可以为了买一套称心如意的房子，把所有的楼盘都跑一遍，鞋子走烂几双，可以为了一百元的优惠券排队几个小时，不可谓不勤奋和艰辛。但在股市中懒惰到什么程度？大部分人买卖股票的依据就是听别人说某只股票好，然后几万元几十万元就进去了。买个白菜还砍下价格，下菜的品相如何呢，结果买股票几十万元眼睛都不眨一下。极少有人去深入研究基本面、技术面、政策面，即使瞄了几眼，也多是走马观花、不求甚解。

其实当年我也是这样，我还清楚地记得，当年找父母提前要了大半年的生活费 5000 元后，眼睛都不眨地全部买入了同学推荐的包钢股份和厦门国贸各几百股，害怕买晚了股价涨上去了少赚哪怕一分钱，然而对于这两家公司经营情况如何我根本一无所知。

贪婪体现在哪些方面？频繁交易、重仓交易，天天追涨杀跌，期望每天都能抓住涨停板，不放过任何一个小波动。常年重仓，想一夜暴富，到处找高手打听买了什么股票；重仓进去赌，两天亏 20% 的也有；频繁交易，不愿错失任何一个赚钱机会。而频繁交易是亏损的罪魁祸首，前面也说过，频繁交易产生了大量的交易成本。

2007 年的大牛市，只要重仓任何一只股，不动，都可以赚 5 倍以上。但居然当年还是有 5% 的人亏损，50% 的散户盈利不足 1 倍。

其实人这一辈子，只要有几只重仓股接力翻了几番，就财务自由了，哪里用得着天天在里面进进出出？

低位恐慌割肉，则是仓位过重导致心理爆仓；好不容易碰上一匹大黑马，赚了 10% 就跑，拔了根马毛就被摔下马背。例如买了一只股，赚了 10%，然后跌到 5%，5% 的利润没了，内心后悔得不得了，然后突然又反弹到了 10%，赶紧卖了，害怕过后这个利润又飞了，结果最后这只股票涨了几倍，但与你无关了。2015 年的股灾，很多投资者在黎明来临之前割肉，因为政府的强力救市并没有起到及时的效果，然后投资者内心终于崩溃了。

我周围很多人，在各自本职工作的行业里面都是了不起的人，但炒股无一例外都亏了，其原因就是没有过心态这一关。他们不是没有一手信息。例如，有一位银行的风险总监，大部分上市公司都是他们银行的客户，作为银行高管，他是知道这些上市公司的真实经营情况的。他如果想见哪个上市公司的高管，也是没问题的，也就是说他比一般散户的优势在于具有一手的信息。但他居然亏了几百万元，原来他是重仓进去赌一个股票的重组，因为他有确切的信息，这个公司会有重大利好，结果加了杠杆进去赌。没想到，利好出来，大形势不好，反而股价下跌，他崩溃了，最后爆仓。导致他巨亏的原因，就是加杠杆去赌，还是赌字害人。

有个 1 万小时的定理，即成为某个行业高精尖的人物，基本上都需要 1 万小时的持续性学习和研究。但对投资来说，如果只是学习所需要的专业知识，其实根本不需要 1 万小时，如果是一个有本科以上学历的人，几百个小时应该可以掌握基本的知识和技能，很快就学会了，但如果要成为投资高手，即稳定盈利的人，除了要有一定悟性之外，还至少需要几年时间，还需要经历过完整的牛熊转化，差不多也需要 1 万小时。

之所以要 1 万小时，是你必须要经过这么长的时间，必须要经历几波牛熊，才有可能迈得过心里的那个坎，才能够突破自我，实现逆人性的操作，心态过关。迈不过去，就不可能在股市里面实现稳定盈利，不可能战胜市场里面的其他机构。

我很早就知道心态的重要性。我曾经阅读过的几百本书里面，不少都有介绍投资心态的内容板块，但自己看了后，心态还是过不了关，不过我慢慢地明白了其重要性，在自己偶尔有贪婪的侥幸心理的时候，能够刻意控制自己，在恐惧的时候有想割肉的念头时，也刻意控制自己，慢慢地心态就越来越好了。我心态最终基本成熟是在 2015 年股灾，在股市癫狂的时候坚持住没有加杠杆，我从 4 月开始就在朋友圈提醒去杠杆了，到股灾前一共提醒了 6 次，实际上那段时间很多人来找我，要给我配资，我一律拒绝。在 7 月初天天跌停的时候没有崩溃，完全心静如水。所以 2015 年我也取得了不错的收益。

量变引起质变，我多年的坚持，而股灾这个突发性的事件就是让我到了量变引起质变的临界点，所以心态慢慢地就迈过去了。

人性、心态，说起来大家都懂，但是，要突破自己内心的樊篱，却需要经历九九八十一难，方能练成百毒不侵之身。投资，难就难在这里，道理简单，过程异常复杂，绝大部分人不可能到达成功的彼岸。许多在其他行业特别优秀的人，甚至是高校学投资学了很多年的人，不是他技术不行，但就是搞不好投资，原因就在于他没有经历过这些磨难，心理过不了关。

不少二级市场投资界的大师，基本上都具有"泰山崩于前而色不变，麋鹿兴于左而目不瞬"的超然心态。只有具有这种心态，才能在残酷的市场上生存，练就了这种心态，任何一种技术拿过来，都是杀人于无形之间的致命武器。

1.4 很遗憾，股市永远是一个少数人赚钱的市场

综合以上因素，我们可以很清晰地看出来，股市永远是一个少数人赚钱的市场。散户的群体性失败不可避免。原因有主观的，也有客观的。客观的，就是上文所说的散户处于食物链的最底端，和各类机构相比各方面都不占优势。但最重要的原因还是散户自己的原因，因为在这个市场中，还是有那么极少数的人是可以赚钱的，还是有这么少部分人能够摸清楚市场的规律，从而扬长避短，赚到属于自己的那部分钱的。

有人读到这里，很有可能想对我说："我已经明白了，心态一定要好，我以后会克服自己内心的不安，我也经历过牛熊转化，心态也磨得差不多了，那你快教我具体的方法吧，这样我就能赚钱了。"

真的可以赚钱了吗？未必。有句话叫作：明白了很多道理，却依然过不好这一生。在股市当中这句话体现得淋漓尽致。而心态的练成，不是看几本有关心态的书，不是听我这里说说心态的重要性，你回去就心态过关

了，可以赚钱了。

我总结了一下，散户有以下一些恶习，大家对照一下，看是不是自己也存在这些情况，导致赚不到钱。

1.4.1　第一是不学习

在炒股过程中，70% 的人根本不会去学习，不会去认真看哪怕一本投资类的书籍。进入股市的人，无外乎都是一个目的——赚钱。而且几乎所有的人进入股市都是被赚钱效应所吸引，因此基本都是怀着短期暴富的心理进来的。进来的股民，一般情况都是完全不懂，两眼一抹黑，怎么办？在市场中，大部分人是想赚快钱的，赚快钱就是贪婪的，贪婪的结果就是不想学习，对大多数人来说，最佳捷径就是听人推荐股票、听股评。

绝大部分人是在牛市进入，因此买入股票赚钱的概率是极其大的，但他们可能忘了，牛市中，不用谁来推荐，甩飞镖选股，赚钱的概率也会非常高。这是人的本性，在其他领域，有可能不学习就能够取得巨大的收益，而在股市中是不可能的。

慢慢地，不学习的人，牛市赚钱熊市亏钱，好一点的不断坐过山车，更多的人则是不断地亏钱。记住，在市场中，短期内是否赚钱纯属运气，而待得时间越长，则运气的成分越低，能力的成分越高。在这里，我不是说，投资者学习了就一定会赚到钱，炒股太难了，学习了也不一定赚得到钱，但不学习是绝对不会赚到钱的，即使赚到钱，也是运气好，长期必将会还回去。

好，可能你看了我这段话后，痛定思痛，下定决心一定要努力学习，也按照高手提供的书单买了一大堆书回来，然后计划非常勤奋、努力地学习，但是据我观察，70% 以上的人最终放弃了，为什么？

我以前也百思不得其解，后来发现，大部分人愿意为一份简单的工作，从早晨累到晚上，也不愿意抽那么一点时间来看书学习，而宁愿相信别人的推荐。其原因就在于：简单的工作虽然累，但是累完可以拿一天的工资，这是非常确定的。

而学习呢？学习不是马上就有效果的，什么时候见效果，并不确定。不断地投入却不见效果，会极大地磨灭一个人的志气，每天耗费大量的时间和精力用于学习和研究，而未来是未知，持续一段时间，谁扛得住？我见过太多的人开始的时候雄心勃勃，发誓要努力学习，不达目的不罢休，最后却几乎都是虎头蛇尾，大量书籍束之高阁。

我当年也面临这样的问题，2007 年我买了大量的书籍学习，坚持学了一年，结果是亏损过半，再学两年，继续亏两年，一直持续到 2013年才慢慢地不再亏损了。这种只投入没有产出的事，持续几年，谁受得了？

所以，70% 的人不会学习，被淘汰，剩下的 30% 要学习的人，最后又被淘汰 70%，两轮下来后，只剩下不到 10% 的意志异常坚定的人，屡败屡战，还在坚持学习奋斗。

1.4.2　第二是爱贪便宜

在现实生活中，爱贪便宜可以节约钱，表现在同样的东西要货比三家，最后找一家卖得最便宜的地方买。而在股市中，却完全不是这样。爱贪便宜在股市中还真不是好事，而且和现实生活中的表现大相径庭，真是让人费解。

爱贪便宜表现在哪里呢？

首先就是买股如买菜，买卖毫无章法。买和卖都没有什么理由，买的理由就是他人推荐，买股就像买白菜，我们买白菜都还要看下价格和质量吧，而散户买股根本什么都不考虑。对于买的股票背后的公司是干什么的，主营产品是什么，盈利情况如何，等等，根本不知道。就像是大牛市，如 2006—2007 年，大家都赚钱的情况下，很多只赚了一两倍，远远跑输大盘，散户都还很高兴，认为赚钱了，实际上，随便捂一只股，都可以赚得多得多，亏就亏在手续费上。

买的股票有一点盈利的时候，投资者就有极强的冲动把股票卖掉，害怕到手的利润回撤，希望把股票卖掉后股价下来再买入，赚取波动的差价，天天在市场里面追涨杀跌，瞎买瞎卖，几十万元天天进进出出，不断地贡献交易成本。如果买入的股票没有涨反而跌了，就会经常被深套，割肉在底部。最终的结果就是任何一只大牛股都与你无缘，而每次大跌都与你相关，因为都被深套，长期下来就是小赚大亏。

其次就是爱打听内幕消息。但我想说的是，消息到了投资者这里，也就不叫内幕消息了。上市公司的信息管理制度非常严格，一旦违规会有很重的处罚。

另外，投资者和上市公司是什么关系？凭什么绝密的信息就能让投资者知道？还有很多散户喜欢打听谁在坐庄的消息，经常在市面上风传某某大资金要拉升某只股票。唉！每每听到这样的消息，我唯有一声叹息！基金算是大资金了吧？大的公募基金几十亿上千亿的规模，在熊市中不也亏得不成样子？

退一万步说，就算投资者有一手的内幕消息，也是真实的，股票就一定涨？不见得。不一定能赚到钱，因为这个内幕消息不一定会刺激股价上涨。老鼠仓这个词大家应该都听说过吧，一般来说"老鼠仓"都是利用内幕消息提前布局。等基金入局之后股价便能上涨，"老鼠仓"操作者则可从中获利，但居然有不少亏钱的老鼠仓。

这几年证监会有不少关于老鼠仓的处罚案例，我摘抄一个。黄林于2007 年 3 月至 2009 年 4 月，在任国海富兰克林中国收益基金的基金经理期间，操作其控制的荆某账户，先于或同步于自己管理的中国收益基金买入并先于或同步于该基金卖出相同个股，涉及 8 只股票，亏损 5.4

万元。黄林也因此被市场禁入、取消从业资格、处以 30 万元罚款，同时 10 年内不得从事证券业务或担任上市公司董事、监事、高级管理人员职务。

各位，你还相信内幕消息能够稳赚不亏吗？

1.4.3 第三是试图精确预测后市

我现在基本不看盘了，也不讨论股票，但偶尔看到有人在讨论也去聊聊，遇到的问题大部分如下：请问股市会跌到 2800 吗？请问 ××× 股票可以买吗？请问你对今天的大盘怎么看？明天大盘会涨到多少？模糊预测是有可能的，但精确预测后市真是一个悖论。遇到此类的问题，我唯有无言以对。我也不知道买了短期是涨还是跌，我怎么知道大盘会不会跌到 2800 呢？我实在是没有办法来回答这些问题。

市面上卖得最好的炒股书籍就是这类短线预测的，各种预测短期的技术指标也是散户最喜欢的，因为迎合了其想暴富的心理。但未来终究是不可精确预测的，只能做到模糊的正确。例如，在 K 线组合中，如果连续出现三根阴线，就叫三只乌鸦，也就预示着空方力量很强，未来看跌，但是第四天就一定会跌吗？并不会，只不过说第四天跌的概率比较大而已。

为什么散户都想试图精确预测后市呢？无非还是想买在最低卖在最高的投机贪婪心理在作祟而已。

所以，各种原因导致了散户陷入群体性的亏损之中。

曾经有人说过，投资很简单。是的，盈利的方法越简单越好，但投资并不容易。如果炒股投资有这么容易的话，那还有谁会上班赚钱呢？投资其实是这个世界上进入门槛最低，却最难的工作！投资简单，是因为投资者经过了千辛万苦的努力之后，会发现投资确实简单，但在没有突破这个临界点之前，会发现投资极其艰难。然而不幸的是，绝大部分普通散户，根本不可能达到这个临界点。

所以，要搞投资的话，必须要有一竿子撸到底的精神。因为只有这样，才有可能突破那个临界点，才有希望。投资者只有正视这个市场是一个少数人成功的市场，才会对这个市场怀有敬畏之心，才会深入地思考如何才能成为少数长期稳健盈利的那部分人。

1.5　为什么我投资房地产持续盈利而投资股票却伤痕累累

这十来年，有一个很特别的现象，就是投资房子的人，都赚得盆满钵满，而投资股票的人基本都亏损累累，我自己很长一段时间也是这种情况。

这十来年，我陆续买了几套房子，买房子起步时间其实和投资股票的时间差不多，都是在 2007 年开始起步，但这十来年里，我买房子持续盈利，账面浮盈不少，而投资股票直到 2013 年才摸到初步的方法，2015 年股灾后才算是大概明白炒股是怎么回事。同为投资，但结果差别太大了，原因何在?

2007 年，房子已经开始上涨了，当时我面临研究生毕业，而且和女朋友的关系很稳定了，已经进入谈婚论嫁的阶段，所以就找父母借钱买了第一套房子。出来工作之后，随着自己经济情况的逐渐改善，慢慢地又买了两套房子。

我买房子没考虑太多，如果房子环境、质量、户型不错，位置还好，价格也合适，在我自己能够承担的范围之内，我就付首付买了，买入后就不管了，放在那里不管，一段时间再回来看价格的情况，如果跌了就死捂，如果赚了也还是死捂，类似于股票的价值投资，不到特殊情况，一般不卖。因此目前我手里的房子，都增值涨价了，有些时间久点的，收益不菲，例如 2007 年买的那套，总价涨了 6 倍左右。

但十来年里，重庆这个城市的房子并不是一直上涨不下跌，以我 2007 年买的第一套房子为例，当时大概 3500 元每平方米，刚买不久金融危机就来了，房子价格在 2008 年差不多跌到了 2500 元每平方米，2009 年 4 万亿刺激后，房价迅速反弹，2010 年反弹到了约 6000 元每平方米企稳，波动式的缓慢上涨一直到 2014 年，房价大概是 11000 元每平方米，之后房价开始缓慢下跌，到 2016 年价格跌到 9000 元每平方米，然后就开始了急速上涨模式，先第一波上涨到了 14000 元每平方米，第二波涨到现在 20000 元每平方米。我这套房子一直捂，虽然后面自己没有住，但无论价格如何震荡，我都没有卖。

而我投资股票的方法呢，在 2013 年之前，实际上我就是个短线客，天天在市场上进出，每天关注股票的涨跌，害怕错失一点利润。我有一点利润就想抛，保住胜利的果实，而不幸被套了呢，一般有两种方法，一是及时止损，损失点小钱亏了出来，二是舍不得止损，越套越深，某天精神崩溃，在深套的情况下割肉出来了。以上两种方法，无论是什么，结局都是一个字，亏。

为什么同一个人，对于投资两个不同领域的品种，会有不同的打法呢？现在回想起来，这完全是外部环境决定的，我投资房子赚钱完全是歪打正着，之前并未想过要从房子上面赚钱。

自我总结，我买房子赚钱的原因有两点，一是房子这十几年来，就是一个缓慢波动上涨，大趋势向上的，一个长期的牛市，这是赚钱的前提，如果不是上涨行情，怎么都无法赚钱。二是无法经常买卖房子，因为买卖房子太麻烦，而且交易成本极高，我平时不差钱也懒得去折腾，因此被迫做了长线的价值投资，长线持有，享受到了长期价格慢慢上涨的收益。

而做股票呢？失败的最重要的客观原因就是股票的流动性太强了，随时可以买卖，鼠标一点就可以买卖，因此人性使然，就想做短线，想赚市场小波动的钱，迷失在了短期的投机中，而投机是可以放大人性的贪婪和恐惧的劣根性的，这种情况下，亏钱是必然，赚钱是意外了。

看到了这里，大家可能逐渐明白了。其实可以用一句话来概括：对于房子我是长线价值投资，而对于股票我是短线追涨杀跌。投资房子赚钱的原因是我持有了一个长期确定性上涨的品种，且建仓价格较低，交易规则让我没有办法随时去买卖。而投资股票亏钱的原因是股票可以随时买卖，每天去搞短线，想去赚日常波动的蝇头小利，虽然操作过的很多股票是大牛股，但这种每天买卖的手法，却导致了小赚大亏，牛股根本没有抓住。

由此我想到了我现在的操作模式，就是成长股价值投资，即前期我通过大量的分析和研究，确定一个股票的基本面和成长性后，就在合适的价格慢慢买入，期间有任何震荡我都不予理会，不理会短期的波动。因此，2013 年我转为这种思路后，就开始慢慢赚钱了，是不是这种方法和投资房子持续盈利的因素是一模一样的呢？

假设，买卖房子也可以很轻松地交易，按照我以前的投资风格，可能也会天天买卖，估计可能也是连年亏损，我买房子投资能够赚钱完全是因为无法随时买卖而歪打正着，这十几年来在房子上赚了大钱的人，无一不是如此。如果房子能做成证券化产品在电子盘随时交易的话，我看 95%的人要完蛋，随时可买卖必然导致短线追涨杀跌，没有几个人能赚钱。

这也是很多人能在一级市场股权投资赚钱而在二级市场赚不到钱的原因。一级市场的投资，在投资之前要经过详细的尽职调查，确认公司的基本面和投资逻辑，再加上一级市场不可以随时买卖，必然是做长线价值投资。投资一级市场的人，都是那些在专业方面很厉害的人，分析企业的基本面的功力是没问题，很专业，但到了二级市场，却迈不过心理贪婪和恐惧那道坎。我认识好几个这样的一级市场的投资经理，一到二级市场就想交易，做差价。

有高人曾打趣地说，证券二级市场是这个世界上最大的骗局，因为二级市场的各种要素，全部放大了人性的弱点，让人欲罢不能，二级市场给了普通人一种幻觉，可以短期暴富。这种极小的可能性，让大多数人前赴后继，源源不断地贡献自己辛苦挣来的钱。

1.6　投机——概率的世界

我特地去百度了一下投机的含义。定义如下：投机指利用市场出现的价差进行买卖从中获得利润的交易行为。

而投资呢？含义如下：投资是指特定经济主体为了在未来可预见的时期内获得收益或是资金增值，在一定时期内向一定领域投放足够数额的资金或实物的货币等价物的经济行为。

所以，从这个角度来看，虽然投机和投资都是通过价差进行赚钱的，但核心是不同的，投机是利用同一个物体的不同定价获取收益的，这是不确定的，而投资是利用物体的增值而获取收益的，增值前和增值后是不同的两个物体，这是确定的。

那么落实到证券投资上来，投机就是博取同一个物体的差价。

我很早就意识到在证券市场上瞎买瞎卖，听消息炒股是不对的，所以我听消息炒股经历没有过半年，就进入了真正的投机的世界，也就是寻找一种方法能让我在证券市场上长期稳定地盈利，特别是看了电影《21 点》后，我对专业投机产生了极大的兴趣，因为我有理工科的背景，有一定的建模能力，所以我试图建立一个正期望值的数学模型。

这个过程，我经历了 5 年。

什么叫正期望值的系统？

这是一个数学概念，落实到投机中来就是买卖的规则能否赚钱。

例如，我买股票，赚钱的次数占 40%，每次赚 5 元，亏钱的次数占

60%，每次亏3元，那么这个系统的期望值为：0.4×5+0.6×（−3）=0.2，因此为正，长期将会赚钱。

例如，电影《21点》中，他们的模型期望值就是为正，所以长期坚持下来就是赚钱的。

这就是投机，大赚小亏，一个概率的世界。

我用一个最简单的例子来说明什么叫概率，什么叫正期望值系统和为什么正期望值系统可以赚钱。

我读研究生那三年，寝室里的几个人经常一起斗地主，实际我们在寝室打牌，就是一个零和游戏，没有其他成本。我们打5角一炸，很小，但三年下来我输了三百多元，为什么呢？后来我回想了下，原因在于我完全不思考，就是乱打，而有两位室友要思考，他们会根据打出来的牌来分析我手里是什么牌。他们的打法赢的概率就要超过我，所以长期打下来，我就是输，我只能在某些时候，运气很好的时候赢他们几次。对比下来，他们的打法的数学期望值就是为正，我的就是为负，长期下来我输钱。但打成都麻将的时候，我就认真研究了，为什么？打得大了啊，和一些有钱的师兄打，如果我不研究，我就要输大钱，所以我成都麻将打得比斗地主好，因为我研究过，我打成都麻将赢的概率就要大得多。所以我打成都麻将就最喜欢和不思考乱打的人打，一打我的赢面就大。

炒股也是一样的道理，炒股必须要有一个系统，必须要有一个经过验证期望值为正的系统，这里给大家介绍趋势交易系统，也就是一个最简单的程序化交易系统。从这种纯技术的交易系统来看，是可以忽略基本面的。在市场中，不少机构有严密的操作方法，有自己的算法，特别是做外汇的，总之交易系统为正。

所以那几年，我一直在追求一个正期望值的投机系统。但是，梦想很美好，对普通散户实施起来，博取同一个物体的差价却很难！我不想太多地在投机上面着墨，因此特举一个简单趋势均线交易的例子，来说明散户投机的不易。

我们假设短期均线上穿长期均线买入，下穿卖出。

以中国卫星为例，时间区间为 2013 年 1 月 1 日－2015 年 12 月 31 日，初始资金为 100 万元，全仓买进和卖出，手续费为 0.15%。图 1.1 所示为中国卫星股价走势图。

五次测评：分别是 5 日和 10 日；5 日和 20 日；5 日和 30 日；10 日和 30 日；8 日和 21 日。

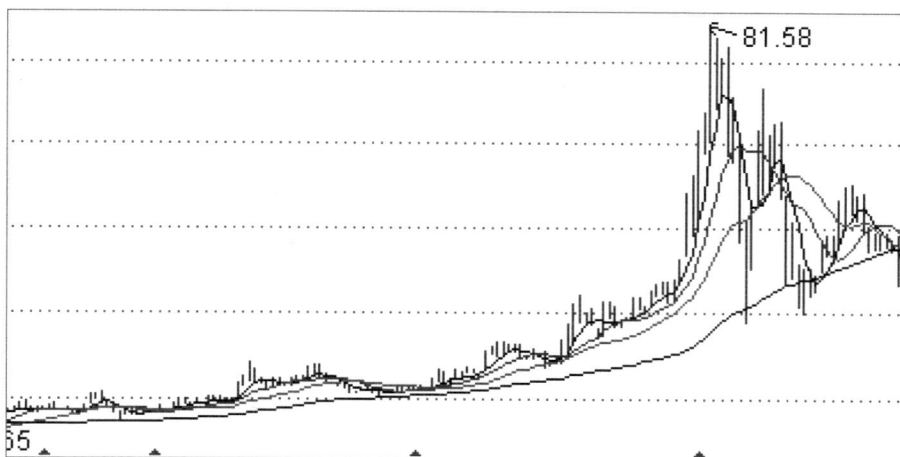

● 图 1.1　中国卫星股价走势图

中国卫星 5 日和 10 测评结果如表 1.1 所示。总共交易了 79 次，盈利 33 次，年化收益率为 57.25%，很不错的系统，但最大回撤比达到了 53.13%。

表 1.1　中国卫星 5 日和 10 日测评结果

品种名称	盈利次数	总次数	胜率（%）	手续费（元）	净利润（元）	收益率（%）	年化收益率(%)	最大回撤比(%)
中国卫星	33	79	41.77	228127	1722111	172.21	57.25	53.13

中国卫星 5 日和 20 日测评结果如表 1.2 所示。总共交易了 45 次，盈利 19 次，年化收益率为 13.51%，好在盈利了，但最大回撤比大了，为 62.22%。

A股价值成长投资之路

表 1.2 中国卫星 5 日和 20 日测评结果

品种名称	盈利次数	总次数	胜率（%）	手续费（元）	净利润（元）	收益率（%）	年化收益率（%）	最大回撤比（%）
中国卫星	19	45	42.22	110251.2	403830.4	40.38	13.51	62.22

中国卫星 5 日和 30 日测评结果如表 1.3 所示。这个系统亏钱了，总共交易了 35 次，盈利 15 次，年化收益率为 −1.03%，最大回撤比达到了 52.40%。

表 1.3 中国卫星 5 日和 30 日测评结果

品种名称	盈利次数	总次数	胜率（%）	手续费（元）	净利润（元）	收益率（%）	年化收益率（%）	最大回撤比（%）
中国卫星	15	35	42.86	84930.01	−30740.4	−3.07	−1.03	52.40

中国卫星 10 日和 30 日测评结果如表 1.4 所示。总共交易了 23 次，盈利 11 次，年化收益率为 5.89%，盈利了，最大回撤比为 35.20%。

表 1.4 中国卫星 10 日和 30 日测评结果

品种名称	盈利次数	总次数	胜率（%）	手续费（元）	净利润（元）	收益率（%）	年化收益率（%）	最大回撤比（%）
中国卫星	11	23	47.83	61878.24	176090.9	17.61	5.89	35.20

中国卫星 8 日和 21 日测评结果如表 1.5 所示。总共交易了 41 次，盈利 15 次，年化收益率为 2.15%，盈利了，最大回撤比为 72.73%。

表 1.5 中国卫星 8 日和 21 日测评结果

品种名称	盈利次数	总次数	胜率（%）	手续费（元）	净利润（元）	收益率（%）	年化收益率（%）	最大回撤比（%）
中国卫星	15	41	36.59	79842.67	64129.75	6.41	2.15	72.73

如上，就是一个很简单的均线交易系统在某个时间段的评测，收益最好的还是 5 日和 10 日系统。我举上面五个例子，就是展示下什么叫投机交易系统，评测的过程也仅是做个简单展示而已。

利用 5 个数据进行测试，4 个赚钱，期望值为正，1 个亏钱，期望值为负。其实赚钱与否并不重要。我测试了 6 年的系统，自我感觉应该是找到了几个的投机交易系统，但我后来却放弃了，为什么？因为我坚持不下来，还是落实到人性的那个原因上来。

还是以上述交易系统为例，说一说为什么我坚持不下来。

就以第一个年化收益率为 57.25% 的为例，收益是最高的。

首先，我面临的问题就是连续亏损的情况，我们看到，交易 79 次，盈利 33 次，那么亏损就有 46 次，而这亏损 46 次，很有可能就是连续亏五六次，在这种连续亏损 6 次的情况下，到第 7 次出现买点或者卖点的时候，你会遵从自己的内心按照系统指示操作吗？你内心会出现一万个怀疑，是不是这个系统失灵了？

其次，回撤问题，回撤了 53.13%，也就是说亏损最厉害的时候，"腰斩"了。在"腰斩"的时候，你还会遵从系统的买卖点吗？

例如，最后一个可以盈利的模型，最大回撤比为 72.73%，也就是说接近亏损四分之三，这个时候我估计人已经心如死灰了，还会坚持系统吗？

所以我败了，败在自己的内心。我感觉投机真的太难了，瞎搞不行，听消息不行，遵从系统也不行，到底什么行？所以到了最后，我还是皈依价值投资了。

1.7 股价的长期走势与其业绩正相关

从投机到投资，实际只是一念之间，投资的视角一定是企业，而不是股价，但一般人需要跨过的，说小一点，是对股票认知的颠覆，说大一点，是对世界观的颠覆，从我这么多年的观察中来看，要让绝大多数散户把自己视角从股价转移到企业上面来，是比登天还难的事情，所以说真的很难改变一个人的认知，有些人一辈子也无法理解价值投资。

其实股价的长期走势与其业绩紧密相关这句话，在普通的经济学课本里面都黑字白纸地写了，这就是真理，但学习过的人基本都不信。不信去问问，绝大部分人都会认为股价是由资金、庄家、主力等决定的，根本不是业绩。

另外，十几年前，中国证券市场坐庄盛行，上市公司也屡次爆出造假，再加上媒体渲染，所以大部分人是不会相信投资的。当年的我就是这样，很固执地认为中国的上市公司不值得投资，公开的资料都是假的，搞什么投资，只能投机博取差价。

影响公司二级市场股价的要素很多，但长期的决定性因素一定是企业的基本面，所以化繁为简，聚焦到企业的价值上面来，通过各种方法和渠道来研究企业是不是一家好企业，是投资中最为朴素的好方法。但就是这么简单的认知，绝大部分人还是克服不了自己的内心，之所以克服不了，其实是自己有着根深蒂固的世界观，很难改变。

所以搞投资的一个前提条件就是投资者一定要相信：股价的长期走势与其业绩紧密相关。这就是真理。如果连这句话都不相信，那么是很难搞价值投资的。不相信价值投资，还有一个重要的原因就是我们的视野太窄了，最多能以周的时间间隔来看待股价，更多的是看日内，这样一个视野，怎么能看到股价的长期走势与其业绩紧密相关呢？

从短期看，公司的股价完全没有规律，无从下手，而拉长时间段看，其实无比清晰。拉长时间段，任何一只股票，都是遵循这个规律。

我搞投机，搞得伤痕累累，在我十分迷茫的时候，再次看到了这句话，我被唤醒，从此进入了价值投资的世界。

一年内的牛股，大多是资金推动型；1~3年的牛股，几乎90%都是业绩推动型；3年以上的长牛股，已经没有投机的影子了，都是业绩推动型，不信？我展示几个给你看！

1.7.1　格力电器

格力电器于1996年上市，上市股价为17.50元，最高复权价格为（后复权，下同）8523.44 元，最高上涨了 487 倍。业绩呢？

1996 年的净利润是 1.86 亿元，2018 年的净利润应该是要接近 300 亿元了，增长了 100 多倍。

格力电器股价走势图如图 1.2 所示。

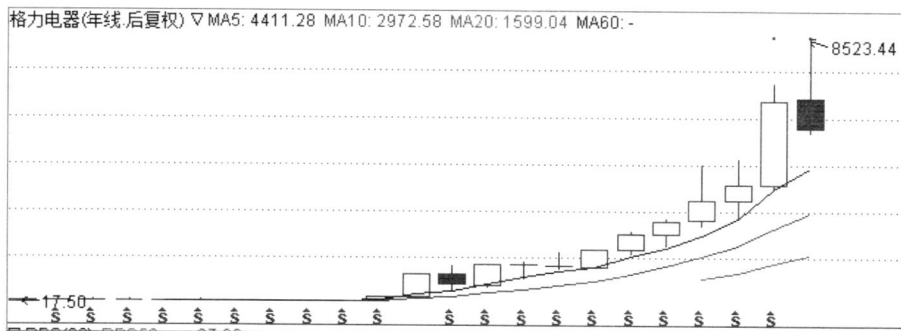

• 图 1.2　格力电器股价走势图

2010—2017 年格力电器股价与业绩如表 1.6 所示。妥妥的业绩推动型。8 年股价涨了 5.44 倍，业绩涨了 5.23 倍。有时候股价跑在业绩的前面，有时候业绩跑在股价的前面，但拉长时间段，一定是正相关。

表 1.6　2010—2017 年格力电器股价与业绩

年份	收盘价 （元）	股价涨幅 （％）	营业收入 （亿元）	营收增速 （％）	净利润 （亿元）	净利润增速 （％）
2010	1210.64	−4.28	608	42.62	42.8	46.76
2011	1175.44	−2.91	835	37.35	52.4	22.48
2012	1743.28	48.31	1001	19.87	73.8	40.92
2013	2275.26	30.52	1200	19.91	109	47.31
2014	2663.82	17.08	1400	16.63	142	30.22
2015	3353.57	25.89	1006	−28.17	125	−11.46
2016	3845.13	14.66	1101	9.50	155	23.05
2017	6587.63	71.32	1500	36.24	224	44.87

1.7.2　招商银行

招商银行于 2002 年上市，上市股价为 10.51 元，最低股价为 8.02 元，最高复权价格为 147.32 元，上涨了 13 倍。业绩呢？

招商银行年 K 线如图 1.3 所示。

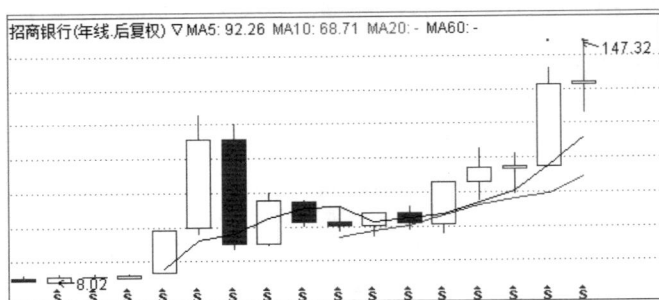

● 图 1.3 招商银行年 K 线

2002 年的净利润是 173 亿元，2017 年的净利润突破 700 亿元，增长了 4 倍多。2010—2017 年招商银行股价与业绩如表 1.7 所示。

表 1.7 2010—2017 年招商银行股价与业绩

年份	收盘价（元）	股价涨幅（％）	营业收入（亿元）	营收增速（％）	净利润（亿元）	净利润增速（％）
2010	42.04	−23.94	714	38.74	258	41.32
2011	39.88	−5.14	962	34.72	361	40.20
2012	47.54	19.21	1134	17.90	453	25.31
2013	41.04	−13.67	1326	16.97	517	14.30
2014	65.75	60.21	1659	25.08	559	8.06
2015	73.84	12.30	2015	21.47	577	3.19
2016	75.02	1.60	2097	3.75	621	7.60
2017	122.57	63.38	2209	5.33	702	13.00

历经 8 年，业绩涨了 2.72 倍，股价涨了 2.92 倍。

1.7.3 利亚德

利亚德上市只有七八年，我们来看看这家公司的股价和业绩的关系。

利亚德于 2012 年上市，上市股价为 22.20 元，最低股价为 10.14 元，最高复权价格为 316.34 元，按上市价算涨了 12 倍，按最低价算涨了 24 倍，2018 年下跌幅度较大，按最新股价 144.92 元计算，按上市价算涨了 7 倍，按最低价算涨了 14 倍。业绩呢？

利亚德年 K 线如图 1.4 所示。

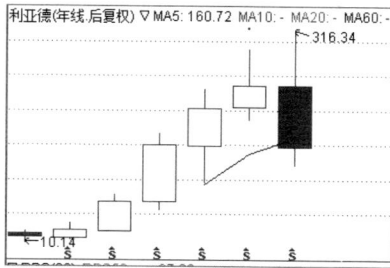

● 图 1.4　利亚德年 K 线

我们来看一看上市以来的详细数据。2012—2017 年利亚德股价与业绩如表 1.8 所示。

表 1.8　2012—2017 年利亚德股价与业绩

年份	收盘价（元）	股价涨幅（%）	营业收入（亿元）	营收增速（%）	净利润（亿元）	净利润增速（%）
2012	15.81		5.69		0.58	
2013	26.24	65.97	7.78	36.76	0.8	37.81
2014	68.66	161.66	11.8	51.64	1.61	101.08
2015	150.74	119.55	20.2	71.42	3.31	105.05
2016	203.48	34.99	43.8	116.45	6.69	102.19
2017	235.82	15.89	64.7	47.80	12.1	80.88

按照图表的详细数据，股价 6 年上涨了 15.92 倍，净利润增幅为 20.86 倍。

1.7.4　四川长虹

看了三个成功的案例，下面我们来看一个失败的案例——四川长虹。

四川长虹年 K 线如图 1.5 所示。

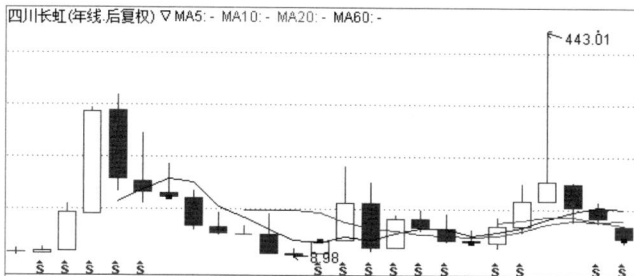

● 图 1.5　四川长虹年 K 线

A股价值成长投资之路

这可是 1997 年的大热门股，好在 2015 年的杠杆牛市，终于把 18 年前套住的股民给解套了。

我已无意去查四川长虹在 20 世纪 90 年代的业绩，还是来看四川长虹最近几年的详细数据。2010—2017 年四川长虹股价与业绩如表 1.9 所示。

表 1.9　2010—2017 年四川长虹股价与业绩

年份	收盘价（元）	股价涨幅（%）	营业收入（亿元）	营收增速（%）	净利润（亿元）	净利润增速（%）
2010	64	−20.78	417	32.60	2.92	146.21
2011	38.44	−39.94	520	24.67	3.96	38.99
2012	35.95	−6.48	523	0.64	3.25	−17.89
2013	66.8	85.81	589	12.50	5.12	57.73
2014	117.92	76.53	596	1.07	0.59	−88.52
2015	153.14	29.87	648	8.77	−19.7	−3457.02
2016	102.96	−32.77	672	3.59	5.55	—
2017	82.39	−19.98	776	15.57	3.56	−35.76

股价 8 年涨了 28.73%，营收倒是一直保持非常缓慢的增长，但净利润却是非常不稳定，像坐过山车，最终净利润与股价还是基本呈正相关关系。

这种飘忽不定的业绩，股价怎么能够长期上涨呢？

通过上述四个案例，可以很清晰地看出，影响公司二级市场股价的要素很多，但决定性因素一定是企业的基本面，所以**化繁为简，聚焦到企业的价值上面来，通过各种方法和渠道来研究企业是不是一家好企业，然后中长期持有，是投资中最朴素、最有效的好方法。**

但也需要看到，没有业绩的垃圾股也有春天，例如 2015 年的牛市，四川长虹最高股价暴涨到 443 元，但是，潮水退去，才知道谁在裸泳，哪里来的就哪里回去，垃圾股也只有碰到大牛市才能上涨。

每每听到周围的股民在讨论股票的庄家、主力、内幕消息的时候，我唯有内心一声叹息。

所以，归根结底，**必须要接受并确信长期股价与业绩正相关的理念，相信公司好则股价长期涨的真理**，否则，就无法真正地去理解并实施价值投资。

1.8 价值投资才是最适合普通散户的盈利之道

书写到这里，我并不是说在 A 股市场搞投机赚不到钱，而是反复在用理论和案例来说明这样一个道理：投机是可以赚到钱的，但并不是散户赚钱的最佳方法，普通散户很难具备投机盈利所需要的能力，而价值投资，化繁为简，抓住优质企业的筹码，享受企业成长因股价上涨带来的盈利增加，是比较适合普通散户的。

价值投资目前来说是最适合国内普通散户的，主要原因有以下几点：

1. 享受中国经济增长转型的红利

一个人出生的年代非常重要，巴菲特曾说过，他投资的黄金年代，正处于美国发展最快的时代，造就了他的财富传奇，如果他出生在索马里，能生存下来就不错了，更谈不上投资赚钱了。

我们中国也一样，在 50 年前的中国，那时候连证券市场都没有，更谈不上投资，而现在的中国，已经成为世界的第二大经济体，正处在由经济大国向经济强国的转变过程之中，未来一二十年，中国经济转型造就的投资机会将会层出不穷。

感恩我们出生在这样一个伟大的时代，如果在这一二十年当中，我们能够在自己认知的范围内，找到几家优秀的公司，持有这几家公司的股票，就可以享受到中国经济增长转型的红利，赚到属于自己的那份钱。

中国目前处于高速发展阶段，不少行业处于高速发展期，细分行业众多，给予了各个公司充分发展的机会。同时，社会的发展又在不断地衍生出新的细分行业，所以近30年来出现了中国平安、万科、格力这样的伟大企业；近20年来出现了类似腾讯、阿里巴巴、大族激光这样的优秀企业；近10年出现了类似恒瑞医药、爱尔眼科等优秀企业。因此，我认为在中国这样高速发展的国家，未来一二十年，这样的牛股肯定还会层出不穷，做价值投资大有可为。

2. 大概率盈利

只要我们能够拿得住优质公司的股票，中长期持有，忽略期间的波动，是大概率可以盈利的。这种方法就不像投机，因为投机的赢面是不太大的，而价值投资的赢面相当大，因为赚的是成长的钱，赚的是基本面的钱，只要公司的基本面良好，迟早会把股价给推起来。本书前面也提过，三年以上的牛股，几乎都是业绩推动型，也就是说，投资者只要有耐心，放大自己的格局，不要沉迷在股价的日内波动中，坚定持有筹码，大概率是可以盈利的。

3. 工作投资两不误

我是很反对资金量不大的朋友占用大量的工作时间来炒股的，四个字：得不偿失。实际上，价值投资也根本无须看盘，因为价值投资关注的是公司的基本面，关心每天的股价波动干什么呢？

另外，对大部分人来说，第一桶金大概率是来自本职工作，本职工作可以攒下用于投资的第一笔较大的资金，没有本金，什么也不是，而每天看盘，耽误大量的工作时间，耽误本职工作，无法加薪升职，谈何赚到第一笔较大的投资本金？

当年我还不懂投资的时候，天天看盘，结果不赚反亏，又耽误了本职工作，后来搞价值投资之后，反而轻松了，白天工作效率高了，工资大幅增加，给我投资提供了源源不断的现金流。天天看盘，心情随着股价的涨跌而起伏，常常情绪化操作，又耽误了本职工作，真是得不偿失的事情。

4. 政策面支撑，市场越来越适合价值投资

近两年，A 股的逻辑已变，越来越适合价值投资了，但在市场里面的散户尚在传统的逻辑思维中，尚未适应新逻辑。

先看传统逻辑下的生态是什么样子。以前的生态模式总结起来就是：上市公司是稀缺资源（所以公司值钱，不管公司业绩如何）；大股东及机构是想赚制度套利的钱（投机割散户）；劣币驱逐良币，各色人物都在市场里面折腾，不亦乐乎。

企业 IPO 的目的是什么？融资，国家创造资本市场的目的就是解决企业成长中的资金问题，企业的发展需要资金的支持，而直接融资的钱是最好用的。然而很多企业上市的目的是为了上市而上市，而不是为了企业的发展而融资，然后高价减持卖股权，所以中国的企业才这么热衷于上市，因为一旦上市公司就可以溢价卖股权了，而且这个溢价不是一点两点，是几倍甚至数十倍。

同时，以前一年也没有几家企业上市，上市公司就是稀缺资源，壳就非常值钱，就有了壳价值。很多人就去炒壳，赌重组，一旦重组成功则乌鸦变凤凰，爆赚几倍甚至几十倍。

而现在呢？证监会陆续出台一系列政策来规范市场的乱象，**例如 IPO 的快速审批但严标准、解禁新规等**，无一不是动了传统模式受益者的奶酪。

只要符合条件的优质企业，都可以报批，证监会快速审，但垃圾公司肯定很难通过审核。公司上市后发现，大股东的股票也不能轻轻松松地卖出去了，这完全和以前不同。虽然市值几十亿元，但卖不出去就是纸上财富。看来看去，唯独一条路：老老实实把企业做好，通过业绩把企业的估值做起来，通过分红让自己获得良好的收益。

证监会是想达到这样的一个目的：让市场回归融资本质，让企业上市的目的是解决发展中的资金问题，通过资本市场培育一大批优秀的企业，

A股价值成长投资之路

在二级市场避免劣币驱逐良币的情况发生，形成价值投资为主的投资方式。

　　按照这样的逻辑关系，其结果应该是处处向着散户的啊？那为什么散户也这样痛苦呢？原因是现在正处于过渡期，散户没有适应新的投资逻辑，所以很痛苦。

　　最终，最佳的玩法还是要落实到好行业、好公司、好价格上面来。这才是 A 股市场正确的投资方法。

　　这些政策的逐步实施落地，对市场的改变不是一蹴而就的。在改变的过程中，会让很多人、很多机构非常痛苦。

　　看看最近的行情，能够上涨的，几乎都是有优秀基本面的个股，没有业绩的垃圾股，一泻千里，哪里来的回哪里去，沾都不要去沾。

第2章

寻找并分析一家企业
是否值得投资

第一部分花了相当的篇幅，并且用了几个案例来对比投机和投资，其目的就在于扭转大家的思维模式，从投机转移到基本面投资为主的方向上来，那么马上就面临一个很现实的问题：如何找到和分析一家企业是否值得投资？该怎么做？这一章就来详细介绍这方面的内容。

本章主要内容包括：

➤ 价值投资写在前面的话

➤ 寻找赚钱又值钱的上市公司

➤ 挖掘自己能力圈内的个股——初步筛选

➤ 挖掘自己能力圈内的个股——第二轮筛选

➤ 挖掘自己能力圈内的个股——第三轮筛选

➤ 系统分析公司基本面的框架

➤ 通过公开资料深入分析个股基本面案例——涪陵榨菜

➤ 通过公开资料深入分析个股基本面案例——再升科技

➤ 实地调研上市公司及注意事项

2.1 价值投资写在前面的话

2.1.1 价值投资的核心之一：确定性

经常看我文章的朋友可能会有一个感觉，就是我主要做小市值的成长股，而小市值成长股在这两年很不受资金面的关照，所以我这两年的收益并不太好。其实大小市值的股票我都在做，只不过我自己的账户主要是做小市值成长股而已。

做小市值成长股有优点，也有缺点。

缺点是什么呢？这就涉及这里所说的主题：确定性。谁也不能完全确信，有百分之百的把握，一家小公司可以成长为大企业，如腾讯，马化腾都不知道公司会发展成怎么样，所以他在不断地减持，如果马化腾不减持，相信他现在一定是世界前三名的巨富。还有网易，网易成就了段永平这个"中国巴菲特"，谁会知道网易从上市到现在财富能够上涨几千倍呢？所以小公司的确定性实在是难以把握的。

优点是什么呢？优点就是如果在这家公司规模很小的时候，投资者能够挖掘出它的成长性，提前介入，那么就可以获得巨大的收益。有可能持有一两只股，就能实现财务自由。以利亚德为例，如果在它市值30亿元的时候看到它的价值，那么仅仅四五年就可以获得十倍收益。现在利亚德的市值已经超过200亿元了，最高曾达到400亿元，从行业排位来说已经是绝对的第一，这个时候再买进去，安全性就要高很多，但拉长时间段，收益就赶不上之前了。我认为利亚德市值未来三四年再涨十倍的可能性非常小。

但无论做小市值还是中大市值，出手买股的前提就是确定性。没有哪只股有百分之百的确定性，只不过大市值的确定性高一些，小市值的变量多一些，确定性低一些。

如果有一定的企业成长性分析的能力，那好，投资者可以在企业规模比较小的时候通过自己的认真分析就有很大的把握确定这家公司有可能成长为参天大树，从而获得超额收益。对大部分没有企业分析能力的散户来说，一定不能在心里没有底的时候买入股票，因为没有底，所以会拿不住，而拿不住是不能赚到大钱的核心原因之一。

从我自己来说，我还是习惯于在企业比较小的时候，找到买入股票的逻辑，因为我有一定的研究企业的能力。我相信企业只要是在成长的，我就不怕。小市值股票买入后不能不管，得长期跟踪，因为小公司抗风险的能力比较弱，很多不确定的因素，可能导致这家公司失去竞争力，一旦发现自己持有的逻辑生变，得立马"跑路"。

确定性一定是在价值投资当中能吃到大肉的前提。无论是做小市值，还是做中大市值，买入这只股票的时候必须心中要有很大的把握，要么不出手，要出手赢面必须要大。而确定性的前提就是深入研究。中大市值的可能对这种研究能力要求会弱一点，中小市值的对这种研究能力的要求就会强一点。

当然，在行业竞争格局已经形成之后再买入，其实收益也不见得低。例如，腾讯十年前就是行业第一了，持有到现在也是几十倍，不过腾讯也有差点被干掉的时候，如果它的微信再晚出来几个月，估计现在这家公司也灰飞烟灭了。所以无论中大市值，还是中小市值，都要保持紧密的跟踪。

我认为确定性应该排在价值投资的第一位。确定性是投资者内心的一种感觉。投资者如果通过研究，认为这家公司值得介入，那么就做，无论它市值是多少，否则，就观望不动。

对一家公司研究久了，其实慢慢地就能看出来它的确定性和不确定性，很多时候，其实我们就是在等待，等待那个确定性落地。

2.1.2　价值投资的核心之二：复利

"复利"这两个字，网上已经有很多文章，把这个词写了无数遍。我就换个角度，来给大家说一下一位价值投资的资深前辈给我说的话。2017年年底，我去拜访了一位在股市中赚取了巨额财富的价值投资前辈。他跟我说了一句话，让我感受到了极大的震动。

这位前辈说，他每一只股票最终都是赚钱出来的，中间无论如何浮亏都不卖。这句话看似轻描淡写，但实际上只有真正懂价值投资的人，才会体会到它巨大的威力。十多年，没有一只股票亏损，这复利下来，得是多大的威力啊？

我们把这句话分成两个层次来看。

第一层，复利。还是再简单地说一下，大部分人投资赚不到大钱的原因，是他们不想慢慢变富，而是希望每天抓涨停板，迅速暴富。不否认在短期内有这样的奇人，但这绝对不是常态。

我的一位朋友曾经跟我说："哥，你的方法很好，但是要让我投资十万块钱，很多年以后才赚一百万，我肯定不愿意。我现在是想找一种方法，能够迅速地赚一千万。"很多人都有这样的想法，所以才有了2015年的股价下跌。

复利慢吗？不慢，真的。我又想起了一个小时候曾经多次听过的关于草和树的故事。

第一年，草长得非常快，把树抛在了后面。但是冬天到了，草枯萎了，而树保持了原有的高度。第二年，草想拼命地长，想超过树，在即将超过树的高度的时候，冬天又来了，草又枯萎了。从第三年开始，草再也没有超过树。十年之后，原来的小树苗已经长成参天大树，而小草仍然是小草。

这个故事其实很形象地说明了复利的威力，每年只要有增长，无论多少，那么后来的基数大了之后，就完全不是一个量级了。

再回到之前那位前辈说的那句原话来看，没有一只股票亏损，那么每只股票或多或少都赚钱。这种方式到了后面，就是核弹般的效应。当然，每只股都赚钱我觉得是一件很难的事情，但放到价值投资上面来，低频交易，却是有可能的。

我们再到第二个层次上来，能够做到每只股票最后都赚钱出来，而且中间浮亏不止损的前提是什么？就是前面提到的那三个字：确定性。

没有人可以真正地买到股价的最低点，只能说买到相对低位。那么买了股票后被套其实是十分正常的事情，对于技术分析或者趋势交易者来说，一旦股价下碰某个价位，无条件止损是必须要执行的。

但是对价值投资来说，特别是个人投资者利用闲钱来投资，这种止损其实是不必要的。价值投资者，没有止损的概念，只有卖出的概念。什么时候卖出呢？估值极度高估，公司的基本面发生向下的变化。

为什么投资者应该敢于在浮亏的时候，还可以安定自己的心情，拿住股票呢？前提就是投资者对所投资的公司有异常深刻的理解，对这家公司未来的发展心里完全有底。

因为有确定性，所以才敢拿住股票，因为敢拿住股票，不随意在亏损的时候卖出，所以才提高了自己的赢面，所以才有了这种复利的核弹效应。

我其实很羡慕那些很早就悟到价值投资之道的朋友，因为对他们来说，有可能他们在我这个年龄就可以实现天文般数字的财富，可以去干自己想干的事情。

我们所要做的，就是**把所投资的公司研究透，然后静静地等待复利的威力**。

2.1.3　价值投资的核心之三：能力圈

上面那句原话我再重复一下：把所投资的公司研究透，然后静静地等待复利的威力。核心是什么？三个字：研究透。

A股价值成长投资之路

如何才能研究透呢？这就涉及投资者自己的能力圈，也就是下面要讲的内容的主题。

要研究透一个公司非常不容易，特别是对于成长阶段的公司。我们做投资最怕的是什么呢？就是成长性证伪。在投资中有戴维斯双击和戴维斯双杀。双击的触发点就是超预期的成长，而双杀的触发点一般是成长性证伪。

我们平时能接触到的上市公司的信息，主要来自公开信息，就是公告以及券商的研报等。只通过这些来判断一个公司好还是不好，远远不够。公司的公告一般会进行修饰，特别是每个阶段的报表，如年报或者季报等，本身也有一定的滞后性。而券商的研报一般都是看多。如果仅看这些公告和券商的研报进行炒股而自己不进行分析判断，那么搞投资一定是搞不好的。

投资者必须要有自己的独立思考能力和分析判断能力。但这对普通散户投资者来说，太难了。之前我反复地说要投资自己看得懂的公司，但是面对如此纷繁复杂的公司，哪一个才是自己看得懂的？我一直在强调要长期拿住高成长的公司才能够获得超额利润，但是如果自己看不懂，那么阶段性的下跌可能就会让自己错误地卖出，从而错失大牛股，就如当年我没有研究透彻利亚德从而拿飞了。

超越自己的能力圈去找股票，一定会看不懂，一定会看不透彻。

在这个市场里面，散户的力量太弱了。5G好啊，半导体好啊，新能源好啊，都是国家战略，未来肯定会出大牛股，但是你看得懂这些公司吗？里面的专有名词都会把你绕晕。你会看财务报表的猫腻吗？搞价值投资，必须得深入公司的产品、产业、战略、管理团队等各方面进行详细的分析了解。对于小市值的中小成长企业，现场调研也是必不可少的，你有这个能力去现场调研吗？

大家也别沮丧，下面我来讲真正的干货，普通散户如何来确定自己的能力圈。

价值投资知易行难，我皈依价值投资五六年了，仗着我有一定的研究基础，曾经天马行空的研究涉及各行各业。后来发现越来越不对头，力没有往一处使，搞得虽然研究了很多公司但没有研究得非常透彻。我就在想，我自己的能力圈在哪里？

1. 可以以地域来划分自己的能力圈

大家看到我持有或曾经买卖过的公司股票，好几个都是重庆地区的。为什么呢？因为我住在重庆，重庆地区的公司方便我的调研，重庆是我的能力圈。我知道北京、上海、深圳当地的公司质量好，但我没有条件非常深入地去了解它们，我是真羡慕住在北上广深的朋友，你们只研究当地的企业就够了，所以我就从重庆地区的上市公司入手。我把重庆 50 家上市公司的公开资料弄来分析了一遍，带着疑问去实地调研了好几家公司，逐渐地，心里面慢慢就有底了，因为不接触和面对面的接触，那种感觉是完全不一样的。所以普通散户可以先接触自己区域内的上市公司，然后接触久了，就会知道这家公司到底好还是不好。

2. 可以关注消费股

为什么呢？因为对于消费股，大家平时相对熟悉一些，公司好不好，理解起来相对其他要容易得多。分析消费股的话，不需要太多的行业和专业知识，财务报表也很简单，容易理解。这也是巴菲特为什么青睐消费类公司的主要原因，而且消费类的公司业绩波动不会太剧烈。例如，最牛的消费类股票贵州茅台以及中国平安和我现在持有的涪陵榨菜，好不好？到市场上去看一看就行了，这种直观感很强。茅台供不应求，买不到货。周围的人买保险的时候都优选中国平安，涪陵榨菜提价反而销量增加，这些都是很容易了解到的，然后找个合适的价格买入这些公司的股票就行了。

3.可以与自己的本职工作结合起来

有些医生朋友向我咨询电子类的股票，我就说你别来研究什么电子类的股票了，你就研究你的医药股就行了，因为那个你懂，你看得明白。我们每个人都在不同的行业中工作，自己本行业的是最懂的，每个细分的行业里面都有大量的上市公司，你就把你所在行业研究透彻，把里面最牛的公司找出来就行了。

例如，在移动公司工作的，我就建议他研究5G。在汽车行业工作的，我就建议他研究新能源汽车。这种和自己的本职工作结合起来的研究，可以达到事半功倍的效果。但提醒一下，研究与自己本职工作结合起来的股票，特别要注意灯下黑的问题，什么叫灯下黑？就是灯太亮了，看得太清楚了，把什么细节都看清楚了，反而看不到全貌了。看得太清楚是好事，但一定要跳出来看全局，不然就看到太多的细枝末节的缺点而看不到整体的优点了，反而错失了牛股。

不要担心缩小自己的能力圈而错过其他行业的牛股，弱水三千，只取一瓢饮。股谚有云，只赚自己看得明白的钱。自己看不明白的，就算运气好，赚了，最终也会还回去。

所以，能力圈这件事，投资者还真得好好想一想。我现在不断地缩小自己的能力圈，聚焦，聚焦，再聚焦，自己能力圈外的，就算了。

2.2　寻找赚钱又值钱的上市公司

讲了这么多，估计大家都有一个疑问，价值投资的确是适合散户的最好的方法，但最终还是要落实到具体的标的上面来，我们要找什么样的公司呢？我们要寻找的投资标的，大概有些什么共同的特征？也就是说，什么样的公司才是值得投资的好公司？

市场中符合各种偏好的公司很多，但对我来说，我就寻找一种，既赚钱又值钱的上市公司，因为公司值钱，代表了市场对公司的认可。

我们的目标企业应具有哪些共同的特征？其实一句话就可以概括我们所需要的目标企业：**好行业中的好企业！** 金子当中找钻石，而不是在垃圾堆里找黄金。

选股票一定要选行业，因为行业决定了一个企业发展的高度，行业不行，就算是买到了行业第一，也很难赚取到较好的利润。

我研究生毕业就业的时候，我是学经济的，所以大部分同学都进了金融行业，有些同学进了银行，有些进了券商，有些进了信托，还有的进了基金行业等，结果几年下来差异很大。2009 年到 2013 年金融行业的大发展时期，最赚钱的金融子行业非信托莫属，而且激励也很到位。我有一位同学，在大信托公司如鱼得水，很快成长起来，然后被一家小信托公司挖去做团队负责人，年薪百万元起底，很快在我们这座城市买了几套房子。而进了传统银行的同学呢，虽然银行也很好，但比起信托就差远了，收入估计只有在信托的同学的零头。

是进信托的同学能力要强一些吗？并不是。只不过他在一个更好的行业中而已，然而结果却千差万别，所以进什么行业，非常重要。

同理，企业也是一样。

企业所处的行业正好处于蓬勃发展时期，企业不赚钱都难，就如雷军所说：风来了，猪都会飞。

企业在过气的行业中，就算是行业第一，过的日子也不会太好，市场给予的估值也就比较低。例如，目前的银行业、传统汽车行业，就算是行业第一名，也没什么好日子过，市场给予的估值很低，没什么赚钱效应。

在一个蓬勃发展的行业中，就算是排名中间的企业，赚钱也会赚到手软。

真正的好行业，一定是那种天花板很高、市场需求非常大的，而供给却不足的，因为只有这种市场需求非常大的行业，才能有诞生高速成长企业的土壤。

有些行业，市场需求巨大，就如汽车整车制造行业，但终端是杀红了眼的红海市场，各家公司的产品差异极小，因此这不是一个好的行业。

而智能手机市场呢，前几年市场需求极其大而供给不足，是一个好行业，而这几年趋于饱和，进入存量搏杀阶段，而颠覆性的手机技术尚未出现，从好行业变为一般行业，因此在其中也难以寻找到好的投资机会。

那么什么叫值钱的上市公司？其实可以通过一个公式来简单地解释。

市值 = 盈利 × 市盈率

其中盈利多少可以用来衡量一家公司是否赚钱，而市盈率和市值可以用来衡量一家公司是否值钱。

为什么有些公司赚钱但不值钱，有些公司不赚钱但值钱，还有些公司又赚钱又值钱？

这市面上有很多很赚钱的公司，例如银行，赚钱赚到手软，工商银行2017年净利润接近3000亿元，很赚钱，但它不值钱，它的市盈率只有6倍。

也有很多不赚钱，但是很值钱的公司，如京东、特斯拉。甚至它们不符合这个公式，因为它们根本没有盈利，亏钱，但是它们很值钱，市值非常大。

也有既赚钱又值钱的公司，如腾讯、阿里巴巴等。

市值代表了这家公司是否值钱，盈利代表了这家公司是否赚钱，但赚钱 ≠ 值钱。

2.2.1　赚钱而不值钱的公司

简单通俗地讲，就是这家公司很赚钱，每年都可以赚很多很多钱，但公司不值钱，市场给予的市值低，市盈率低。

1. 工商银行

工商银行简介：中国工商银行向全球 532 万家公司客户和 4.96 亿名个人客户提供广泛的金融产品和服务，连续三年位列《银行家》全球 1000 家大银行和美国《福布斯》全球企业 2000 强榜首。工商银行上市以来股价走势图如图 2.1 所示。

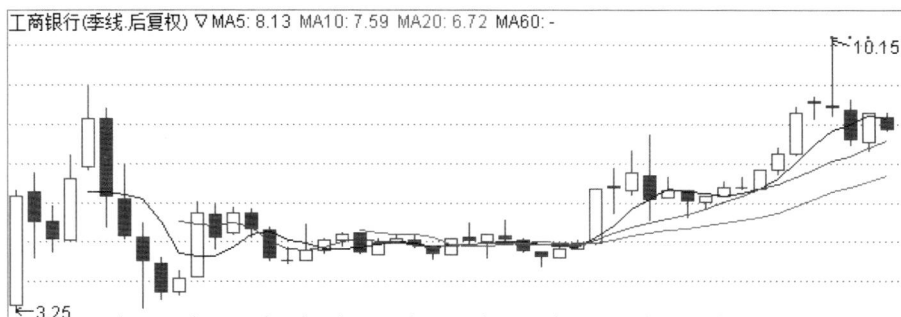

• 图 2.1　工商银行上市以来股价走势图

工商银行被戏称为"宇宙第一银行"，从业绩来看，连续多年银行第一，2015 年—2017 年的净利润分别达到 2771 亿元、2782 亿元和 2860 亿元，富可敌国，但这样赚钱的银行，市值却不到 1.5 万亿元，市盈率不到 7，从市净率看，股价低于净资产。从股价走势图来看，工商银行的股价十年一个轮回，到最近才突破十年前的高点，十年前如果买入的朋友，将会竹篮打水一场空。

为什么工商银行这么赚钱但不值钱，市值这么低？大家应该都是多家银行的客户，那么，是不是有这样一种感觉，其实哪家银行都差不了太多，提供的服务高度同质化，我们平时选择到银行办理业务的时候，到工行、建行，还是民生银行，好像都差不多，都可以存款、汇款、买理财产品，没有哪家银行有很特别的产品，既然到处都是可以替代工商银行的银行，那么其在资本市场上不值钱也就理所当然了。

2. 长安汽车

长安汽车简介：长安汽车是中国知名汽车制造企业，中国品牌汽车领导者，是第一家中国品牌汽车产销累计突破 1000 万辆的车企，连续十年实现中国品牌汽车销量第一；拥有 CS 系列、睿骋、逸动、悦翔、奔奔等知名汽车品牌。长安汽车上市以来股价趋势图如图 2.2 所示。

●图 2.2　长安汽车上市以来股价走势图

从介绍来看，长安汽车很牛，连续十年自主品牌销量第一，然而这样的销量以及良好的业绩却没带来股价的大幅上涨，反而在业绩有所退坡后被双杀。2015—2017 年的净利润分别达到 99 亿元、103 亿元和 71 亿元，2018 年 3 季度业绩为 11.63 亿元，股价持续下跌，截至 2018 年 11 月末，按照市净率估值已经逼近 0.6。

跳出长安汽车这家公司来看汽车整车行业，几乎每家整车企业的估值都非常低，就算是最赚钱的上海汽车，动态市盈率也仅在 10 左右。

整体估值这么低的原因，还是在于这个行业是充分竞争的行业，以长安汽车为例，自主品牌的汽车在 10 万元左右，而 10 万元左右的汽车，可选择面太广，可以选择哈弗 H6，也可以选择广汽传祺 GS4，为什么一定要选择长安的呢？而在合资品牌方面，以大卖的锐界为例，其竞争对手也有汉能达等，消费者也可以有多种选择，虽然锐界也卖得好，也赚了不少钱，但不是市场的唯一，随时都有替代品，因此资本市场给予的估值这么低也是有其充分原因的。

2.2.2 不赚钱但值钱的公司

特斯拉

特斯拉简介：特斯拉是一家美国电动车及能源公司，产销电动车、太阳能板及储能设备。2003 年最早由马丁·艾伯哈德和马克·塔彭宁共同创立，2004 年埃隆·马斯克进入公司并领导了 A 轮融资。创始人将公司命名为"特斯拉汽车"，以纪念物理学家尼古拉·特斯拉。特斯拉第一款汽车产品 Roadster 发布于 2008 年，为一款两门运动型跑车。2012 年，特斯拉发布了其第二款汽车产品——Model S，一款四门纯电动豪华轿跑车；第三款汽车产品为 Model X，豪华纯电动 SUV，于 2015 年 9 月开始交付。特斯拉的最新一款汽车为 Model 3，首次公开于 2016 年 3 月，并于 2017 年年末开始交付使用特斯拉上市以来股价走势图如图 2.3 所示。

● **图 2.3 特斯拉上市以来股价走势图**

一句话，特斯拉就是造纯电动新能源汽车的。我们再来看特斯拉的财务报表，其实感受就一个字：亏。而且从成立到现在，十几年了，一直未盈利过。2017 年，特斯拉总计交付了 103181 辆汽车，亏损也由 2016 年的 7.7 亿美元扩大到了 22 亿美元。但这样一家不赚钱的公司，市值却高达 500 多亿美元，比福特、通用等产能是特斯拉几十倍的老牌汽车企业都大，这是为什么？

其原因还是在于特斯拉的唯一性。福特、通用造出来的汽车，在这个市面上都有竞争品，而现阶段的特斯拉没有竞争对手，高端乘用车只此一家，没有其二。特斯拉手握50万辆汽车的订单，说明了消费者对其的认可。

亏钱没什么，关键是要能销售出去，只要销售得出去，有源源不断的现金流，资本市场对其就认可。

小结： 对于不赚钱但值钱的公司，其实这类公司想赚钱也不是太难，因为其具有唯一性，而目前的亏损，应该是多方面考虑的结果。这种情况下，传统的 PE 估值法是失效的。

2.2.3　既赚钱又值钱的公司

1. 腾讯控股

腾讯控股简介：深圳市腾讯计算机系统有限公司成立于 1998 年 11 月，由马化腾、张志东、许晨晔、陈一丹、曾李青五位创始人共同创立，是中国最大的互联网综合服务提供商之一，也是中国服务用户最多的互联网企业之一。腾讯控股上市以来股价趋势图如图 2.4 所示。

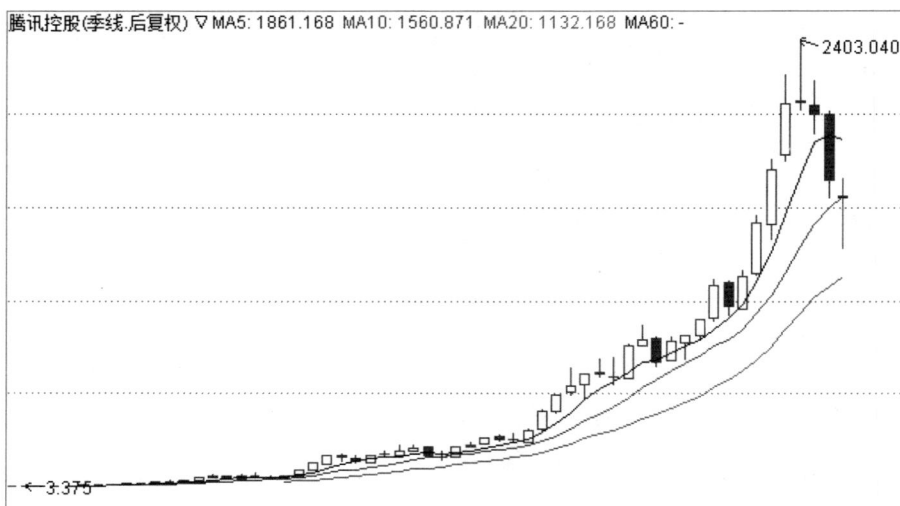

腾讯控股(季线,后复权) ▽MA5: 1861.168 MA10: 1560.871 MA20: 1132.168 MA60: -

● 图 2.4　腾讯控股上市以来股价走势图

腾讯多元化的服务包括：社交和通信服务 QQ 及微信、社交网络平台 QQ 空间、腾讯游戏旗下 QQ 游戏平台、门户网站腾讯网、腾讯新闻客户端和网络视频服务腾讯视频等。

从经营业绩来看，腾讯盈利能力非常强，2016 年盈利 414 亿元，2017 年盈利 725 亿元，在这么赚钱的情况下增速还这么快。从市值来说，也是芝麻开花节节高，上市 14 年来，股价涨幅几百倍，市值最高接近 5 万亿元，不折不扣的牛股，而且这么大体量了其市盈率的估值还高达 30 倍，可谓是一家既赚钱又值钱的公司。

为什么又赚钱又值钱？

原因还是在于其商业模式和行业地位。腾讯是国内无可争议的社交王者，通过微信和 QQ 两款应用，拥有超过 10 亿人次的用户，并且腾讯投资让这 10 亿流量通过各类渠道变现。所以行业第一 + 现金流充沛，资本市场自然会给予非常正面的反馈。

2. 贵州茅台

贵州茅台简介：贵州茅台酒股份有限公司以"酿造高品位的生活"为使命，打造"世界蒸馏酒第一品牌"。公司拥有茅台酒、汉酱、仁酒、王子酒、迎宾酒等酱酒产品。茅台酒是著名蒸馏酒，誉称国酒。贵州茅台上市以来股价趋势图如图 2.5 所示。

贵州茅台(季线,后复权) ▽MA5: 4086.85 MA10: 3258.43 MA20: 2230.38 MA60: 1126.97 4722.46 25.88

● 图 2.5　贵州茅台上市以来股价走势图

从业绩来说，非常赚钱，2017 年 271 亿元净利润，2016 年 167 亿元净利润。从股价来说，估值上约 800 元，市值上约 1 万亿元，上市十

A股价值成长投资之路

几年股价上涨了 100 多倍，这是 A 股历史上最牛的个股之一。

为什么茅台这么牛？还是落脚到茅台的商业模式和行业地位上来。在市场上，茅台酒已经在消费者中形成了极其稳固的口碑和观念，即茅台酒就是中国的第一名酒，建立起极深的护城河。同时，在消费升级的大背景下，茅台酒完全不愁销量，体现在财务报表中就是金额庞大的预收账款。

根深蒂固的行业第一 + 极好的现金流，公司既赚钱估值又高，公司不牛都不行。

总结：通过以上分析，作为普通散户，我们最好要在市场中寻找这类值钱的公司，同时也最好是很赚钱的企业，类似特斯拉这样不赚钱但值钱的公司也会有巨大的赚钱效应，但对于普通散户而言不是很好把握，因为在没有盈利的情况下，如果对其商业模式逻辑分析不清楚的话心里是没底的。

值钱的公司的几大特征总结如下：

一是所处行业第一，哪怕是细分市场的第一。这里要辩证地看这个第一，例如白酒行业，茅台行业第一的位置非常稳固，牢牢占据了价格在 1500 元以上的高端白酒市场，所以茅台既赚钱又值钱，而顺鑫农业是低端白酒的首选，是 20 元级别白酒的第一。因此，茅台和顺鑫都是第一，各自细分市场的第一。谁在各自细分领域内做到极致，资本市场就对其定价比较高。所以细分市场的第一的股票，是我们选股的重要条件。

二是所在市场份额内有巨大的现金流动。不赚钱可以，但必须要有经营性现金流，现金流是一个企业能否活下来并经营下去的首要条件。京东和特斯拉亏了多年，但其所处的行业有巨大的现金流，京东每天都可以卖出去若干商品，而特斯拉也每天有大量的用户前来购买汽车，并且不会形成应收账款。这就是投资者看好它们的原因。同样，为什么亏了多年的美团、滴滴等都值数百亿美元，也就是这个道理。相反，即使是行业第一，但商业模式不行，收不到钱，资本市场给予的定价也会非常低。

三是产品具有巨大的差异化和巨大的替代性。例如苹果为什么这么牛，iOS 系统唯它独有，为什么茅台和榨菜赚钱又值钱，因为只有赤水和涪陵才能生产得出来。例如京东出现后，很快就把苏宁、国美等打垮掉，到现在为止，仍然没有哪一家公司能够在 3C 电商领域威胁到京东的地位。但如果有同质化的产品出现了，那么这个公司就很快成为不值钱的公司，即使它很赚钱。例如将来某天出现了一款性能和特斯拉差不多，也能够迅速大规模量产，并且价格还比特斯拉略低的产品，我相信特斯拉还是会活得很好，但估值不会是现在的高估值了。

所以，未来寻找股票的标的，就是要按照这种逻辑，找到这种值钱的公司。但需要注意的是，如果大家都知道了一家公司好，那么大概率就不会赚取到预期差的收益，并且如果买点不对，还有可能买到阶段高点被套很长时间。

而且，这种值钱的公司也不是说一成立就是值钱的，而是资本市场慢慢地发现了它值钱的基因，是慢慢值钱的。所以，如果我们在自己认知的范围内，能够提前挖掘出一家公司值钱的要素，在它进入值钱临界的位置，先人一步，就可以获得超出市场平均的收益。

2.3　挖掘自己能力圈内的个股——初步筛选

前面说明了投资者要在自己能力圈内找股票，那么如何具体分析和筛选到最终属于自己的股票呢？在这里，我以我的能力圈之一——重庆市所在的上市公司为例来具体介绍和阐述如何筛选心仪标的的方法。

首先就是找到重庆市到底有多少家上市公司，搜集名单。这个名单比较好找，一是各个证券公司行情软件里都有一个板块叫作地区板块，进入重庆板块，即可一目了然地看到所有注册在重庆的上市公司清单，截至

A股价值成长投资之路

2018 年 11 月底，一共有 49 家。另外，当地的证监会网站上也有名单，每个月更新。

在重庆证监局网站上统计的上市公司一共有 50 家，与行情软件统计的差一家，仔细对比后发现是重庆建设汽车系统股份有限公司所致，因为这家公司是 B 股挂牌，而 B 股暂时不是我所投资的市场，所以排除在外。

其次，找到了名单之后，接下来就是筛选，因为不可能这 49 家公司我都会深入地分析，初筛是为了缩小目标。因此，就必须用一些基础的指标进行排除。当然，有可能会错杀好股，但这种情况在投资中是在所难免的，不可能把市场中的钱都赚完。

一般而言，我会用以下几个指标初步筛选：

（1）ST 股自动排除。

（2）上一年亏损股排除。

（3）连续两年净利润下降排除。

（4）银行和地产排除（我自己不喜欢这两类股）。

（5）周期性行业排除。

（6）纯粹的资源型行业排除。

（7）公司实际经营地不在重庆的排除。

一般而言，上述指标信息的获得，只需要通过行情软件的 F10 即可获得。另外，因为上述都是本地的企业，信息较为灵通，有些负面的声音（因为媒体的反复报道），自然耳熟能详，也就可以直接排除。

这种简单粗暴的初筛，会把一些潜在的困境反转股给筛出去，但我们的目的是找到有持续增长潜力的个股，困境反转股并不是我的菜，筛出去也不可惜。

当然，公司的基本面是不断变化的，也有不少之前经营一般，但一段时间后变好的个股，在我们首次筛选的时候被筛掉。这种如何再捡回来？我一般采取的方法是每年年报全部公布完毕后，来做一次全面回顾，把所有的划为自己能力圈内的个股，都重新按照流程梳理一遍，更新自己的目标股票池。

本次初步筛选如表 2.1 所示。

表 2.1　重庆地区上市公司初筛结果

序号	公司简称	证券代码	2016 年净利润（亿元）	2017 年净利润（亿元）	行业	首轮筛选结果及理由
1	渝开发	000514.SZ	1.22	0.81	房地产	放弃，行业为房地产
2	渝三峡 A	000565.SZ	2.23	0.81	化工	放弃，经营业绩下滑
3	太阳能	000591.SZ	6.53	8.05	电力能源	放弃，实际经营并未在重庆
4	长安汽车	000625.SZ	102.85	71.37	汽车整车	放弃，经营业绩下滑
5	金科股份	000656.SZ	12.32	18.26	房地产	放弃，行业为房地产
6	建新矿业	000688.SZ	2.34	4.12	采矿	放弃，实际经营并未在重庆
7	中交地产	000736.SZ	1.16	6.17	房地产	放弃，行业为房地产
8	北大医药	000788.SZ	0.13	0.34	医药	保留
9	欢瑞世纪	000892.SZ	2.65	4.22	影视	放弃，实际经营并未在重庆
10	*ST 建峰	000950.SZ	2.64	11.06	医药	借壳，目前停牌中，放弃
11	宗申动力	001696.SZ	2.91	2.72	制造业	经营下滑，放弃
12	华邦健康	002004.SZ	5.67	5.08	医药	经营下滑，放弃
13	涪陵榨菜	002507.SZ	2.57	4.14	食品	保留
14	巨人网络	002558.SZ	10.69	12.9	游戏	放弃，实际经营并未在重庆
15	三圣股份	002742.SZ	1.18	1.8	建材制造	保留
16	蓝黛传动	002765.SZ	1.29	1.26	制造业	经营下滑，放弃
17	天圣制药	002872.SZ	2.24	2.48	医药	放弃，实际控制人涉案
18	莱美药业	300006.SZ	0.07	0.55	医药	保留
19	智飞生物	300122.SZ	0.33	4.32	医药	保留
20	福安药业	300194.SZ	2.22	2.85	医药	保留
21	梅安森	300275.SZ	−0.7	0.42	制造业	放弃，证监会立案
22	博腾股份	300363.SZ	1.71	1.07	医药	经营下滑，放弃
23	重庆路桥	600106.SH	2.95	2.8	运输业	经营下滑，放弃
24	三峡水利	600116.SH	2.31	3.43	电力供应	保留
25	太极集团	600129.SH	8.56	0.98	医药	经营下滑，放弃

续表

序号	公司简称	证券代码	2016年净利润（亿元）	2017年净利润（亿元）	行业	首轮筛选结果及理由
26	重庆啤酒	重庆啤酒	1.8	3.29	食品饮料	保留
27	重庆港九	600279.SH	0.83	4.83	运输业	保留
28	远达环保	600292.SH	1.51	1.08	环境治理	经营下滑，放弃
29	西南证券	600369.SH	9.17	6.69	金融	经营下滑，周期股，放弃
30	涪陵电力	600452.SH	1.68	2.26	能源供应	保留
31	迪马股份	600565.SH	5.63	6.69	汽车整车	大股东资金链断裂，放弃
32	奥瑞德	600666.SH	4.65	0.55	制造业	经营下滑，实际经营不在重庆，放弃
33	重庆百货	600729.SH	4.19	6.05	百货零售	保留
34	万里股份	600847.SH	−0.43	0.16	制造业	经营情况不好，放弃
35	ST 嘉陵	600877.SH	−3.08	3.02	摩托车整车	ST 股，放弃
36	重庆燃气	600917.SH	3.71	3.63	能源供应	经营下滑，无成长性，放弃
37	重庆建工	600939.SH	3.32	3.63	建筑业	经营情况不好，放弃
38	重庆钢铁	601005.SH	−46.86	3.2	钢铁制造	周期股，放弃
39	小康股份	601127.SH	5.13	7.25	汽车整车	保留
40	重庆水务	601158.SH	10.68	20.67	水供应	保留
41	力帆股份	601777.SH	0.83	1.71	汽车整车	经营情况一般，成长性不强，放弃
42	中国汽研	601965.SH	3.4	3.75	汽车检测	经营情况一般，成长性不强，放弃
43	川仪股份	603100.SH	1.29	1.59	制造业	经营情况一般，成长性不强，放弃
44	再升科技	603601.SH	0.81	1.14	制造业	保留
45	天域生态	603717.SH	1.09	1.21	园林绿化	实际经营不在重庆，放弃
46	秦安股份	603758.SH	2.17	1.89	汽车零部件制造	经营情况不好，放弃
47	隆鑫通用	603766.SH	8.66	9.65	制造业	经营情况一般，成长性不强，放弃
48	正川股份	603976.SH	0.7	0.82	制造业	经营情况一般，上市一年内，放弃
49	华森制药	002907.SZ	0.96	1.12	医药	保留

为什么我主要通过行业和净利润指标来进行初次的简单粗暴的筛选呢？原因是为了达到快速筛选的目的。

先说净利润，我是秉承这样的逻辑，如果上年和上上年比净利润差不多，或者上年比上上年的净利润甚至还低，基本差不多的数据，那么大概率当年的利润也不会太好，就算是有困境反转的可能，当年股价起来的概率也不会太大，因为毕竟经营数据是滞后的，例如年报，也是要第二年的三四月份才出来。况且，我对能力圈的股票，采用年检的模式，当年排除的股票，第二年如果业绩反转了，也是有拿回来的机会的。所以，用净利润是否有比较可观的增幅的标准来筛选潜在的标的，是能够筛掉大部分质量较差的股票的。

再说行业，有些行业天生就不是我的菜（当然不是说这个行业不行），例如券商，这类股票就是周期股，看天吃饭的行业，周期不来，业绩是没有办法起来的。

经过简单的初步筛选，绝大部分股票被排除在外，无须进一步了解，剩下 15 家公司进入第二轮的研究和排除。

2.4　挖掘自己能力圈内的个股——第二轮筛选

第二轮筛选，就需要相对比较深入的研究了，结合定性和定量的分析，再来排除掉部分标的。

在第一轮筛选中，我只用到了三个指标，即营收增长率、净利润增长率和行业，年份只看两年，而在第二轮筛选中，我会用到 6 个财务指标和一份简单的企业行业和产品及商业模式的分析，时间跨度增加到 5 年，行业产品主要看企业的产品在行业里面的地位如何，商业模式是不是较好，等等。

为什么要增加财务指标的分析呢？我认为，一份完整而真实的财务报表，是完全可以非常全面地反映一家企业的经营情况的，所以分析和研究财务报表是非常必要和值得的。但完全用财务报表来作为企业是否值得投资的唯一依据却是不妥的，因为财务报表代表的是过去的经营情况，而我们投资看的却是未来。

财报不能用来作为指导投资的唯一依据，但可以作为重要依据和筛选企业。例如，年报的发布一般是在三四月份，但其实反映的是上年的生产经营情况，如果上年的生产经营情况都不好，那么说明这家企业今年瞬间反转的可行性也不会太大，我们是在黄金堆里找钻石，而不是在垃圾堆里找黄金，也就没有继续研究的价值了。

而企业所在的行业、产品以及商业模式，决定了一个企业在行业内的地位。按照幂律定律，在行业内的排名越靠前，就越占据头部的优势，就越值得研究和投资。一般来说，行业里前三名以外的企业，就不值得研究和投资了，排名很靠后的惬意，逆袭反转是有一定的可能的，但马上逆袭的可能性很低，所以当期是没有深入研究的必要。

主要 6 个财务指标如下：

营收增长率、扣非净利润增长率、净资产收益率、销售毛利率、经营性现金流、资产负债率。

本书无意来专门写作财务数据分析这部分内容，大多以案例的形式来解释部分主要财务指标的含义和用处。

2.4.1　营收增长率

营收增长率是指企业本年营业收入增加额对上年营业收入总额的比率。主营业务增长率表示与上年相比，主营业务收入的增减变动情况，是评价企业成长状况和发展能力的重要指标。营业收入增长率是衡量企业经营状况和市场占有能力、预测企业经营业务拓展趋势的重要标志。不断增加的营业收入，是企业生存的基础和发展的条件。

2.4.2　扣非净利润增长率

一般来说，净利润代表了一家公司每年赚钱的多少，但有些时候，每年会发生一些非经常性损益，非经常性损益是指公司发生的与经营业务无直接关系，以及虽与经营业务相关，但由于其性质、金额或发生频率，影响了真实、公允地反映公司正常盈利能力的各项收入、支出。

因此，实际上净利润某些时候并不代表企业的真实盈利情况。例如，前几年重庆钢铁每年亏十几亿元，但到年底的时候，政府一笔巨额的补贴款进来，从报表上面看，公司是盈利的，但实际上经营情况相当糟糕。因此，把这部分不经常发生的损益情况排除掉，才能够真实地反映企业的盈利情况，那就是扣非净利润增长率。

在第二轮的筛选分析中，就要放弃净利润这个简单的指标，转而使用扣非净利润增长率指标，因为这样才能真正地体现公司的主营业务经营情况。当然，如果在第一轮的筛选中，直接使用扣非净利润增长率这个指标进行筛选也可以，会更准确，只不过工作量略大。

2.4.3　净资产收益率（ROE）

净资产收益率又称股东权益报酬率／净值报酬率／权益报酬率／权益利润率／净资产利润率，是净利润与平均股东权益的百分比，是公司税后利润除以净资产得到的百分比率，该指标反映股东权益的收益水平，用于衡量公司运用自有资本的效率。指标值越高，说明投资带来的收益越高。该指标体现了自有资本获得净收益的能力。

企业资产包括两部分：一部分是股东的投资，即所有者权益（它是股东投入的股本、企业公积金和留存收益等的总和）；另一部分是企业借入和暂时占用的资金。企业适当地运用财务杠杆可以提高资金的使用效率，借入的资金过多会增大企业的财务风险，但一般可以提高盈利，借入的资金过少会降低资金的使用效率。净资产收益率是衡量股东资金使用效率的重要财务指标。

一般来说，净资产收益率能上 20 的话是非常优秀的，长期而稳定的高资产收益率，可以给股东带来丰厚的收益。但有些时候，企业净资产收益率突然降低很多，并不是代表企业经营变差了，而是有一些特殊的原因，因此需要深入地去了解。例如才上市的新股，净资产突然增多，但是并未立即形成产能，造成阶段性降低。

2.4.4　销售毛利率

企业的盈利能力越强，则其给予股东的回报越高，企业价值越大。而公司主营业务的盈利能力强不强非常重要，销售毛利率这个指标则可以反映出公司产品的竞争力和获利潜力。它反映了企业产品销售的初始获利能力，是企业净利润的起点，没有足够高的毛利率便不能形成较大的盈利。

与同行业比较，如果公司的毛利率显著高于同业水平，则说明公司产品附加值高，产品定价高，或与同行比较公司存在成本上的优势，有竞争力。与历史比较，如果公司的毛利率显著提高，则可能是公司所在行业处于复苏时期，产品价格大幅上升。在这种情况下投资者需考虑这种价格的上升是否能持续，公司将来的盈利能力是否有保证。相反，如果公司毛利率显著降低，则可能是公司所在行业竞争激烈，毛利率下降往往伴随着价格战的爆发或成本的失控，这种情况预示产品盈利能力的下降。

各行业之间毛利率差异较大。例如，高速公路等坐地收钱的公司，毛利率高达 90%，而一些杀红眼的充分竞争性行业毛利率不足 20%。因此，毛利率的比较，应该在同行业竞争对手之间进行比较和与公司自身的历史比较。

2.4.5　经营性现金流

现金流非常重要，其是现代理财学中的一个重要概念，是指企业在一定会计期间按照现金收付实现制，通过一定经济活动而产生的现金流入、现金流出及其总量情况的总称，即企业一定时期的现金和现金等价物的流入和流出的数量。一句话，代表企业在经营活动中收到了多少钱，支出了多少钱，还留下了多少钱。

而现金流又分为经营性现金流、筹资性现金流和投资性现金流三部分。其中：

筹资性现金流就是向外募资收到的钱，新增加的贷款或发行股票等筹集到的资金叫作筹资活动现金流入，归还的贷款及回款股份等叫作筹资活动现金流出，两者的差额叫作筹资活动净现金流量。

投资性现金流反映公司对固定资产或金融工具等的投资活动所发生的现金流。投资活动产生的现金流出主要包括购买固定资产、无形资产和其他长期投资所支付的资金净额，以及如购买国债或投资股票等金融投资行为所支付的资金。投资活动产生的现金流入主要包括出售转让固定资产或其他长期投资实际收到的资金，以及金融投资收回的本金和投资收益。

最重要的就是**经营性现金流**，因为经营性现金流代表企业主营业务收到多少钱，支出多少钱，直接反映企业的生产经营情况。

经营产生的现金流 = 从顾客处收到的现金 − 向供应商支付的现金。

如果企业的经营性现金流不能为正，即当期支出大于收入，则企业库存现金减少，就必须通过投资性现金流和筹资性现金流来弥补经营性现金流的缺口，否则企业就会陷入资金面紧张的情况。

因此，如果一家企业经营性现金流长期为正，且经营性现金流净额大于利润总额，那么**说明这家公司赚取的利润就是真金白银，在产业链中一般处于强势地位，说明企业较好。**

2.4.6 资产负债率

资产负债率又称举债经营比率，它是用于衡量企业利用债权人提供资金进行经营活动的能力，以及反映债权人发放贷款安全程度的指标，通过将企业的负债总额与资产总额相比较得出，反映在企业全部资产中属于负债比率。

资产负债率 = 总负债 / 总资产，表示公司总资产中有多少是通过负债筹集的，该指标是评价公司负债水平的综合指标，同时也是一项衡量公司利用债权人资金进行经营活动能力的指标，也反映债权人发放贷款的安全程度。

有些朋友喜欢资产负债率很低的企业，因为资产负债率越低，风险就越小。但从我这个角度来看，资产负债率低，不一定是最优，因为资产负债率代表一个企业家的杠杆，如果控制在合理的水平，则可以有效地促进企业的成长。因此，我们要观察的是资产负债率是不是在合理的区间。

下面就对通过初次筛选的 15 家企业进行第二轮的排除。

1. 北大医药

公司简介：北大医药是方正集团医疗医药产业——北大医疗产业集团的医药核心成员企业，在重庆两江新区拥有按国际 CGMP 建设的医药制造基地，产品涵盖抗肿瘤类、精神神经类、心血管类、免疫抑制类、抗微生物类、解热镇痛类等十多个大类 100 多个品种。北大医药 2013—2017年经营数据如表 2.2 所示。

表 2.2　北大医药 2013—2017 年经营数据

年份	营业收入（亿元）	比上年增长（%）	扣非净利润（亿元）	比上年增长（%）	销售毛利率（%）	经营性现金流净额（亿元）	与扣非净利润之比	资产负债率（%）	ROE（%）
2013	23.2	18.92	0.69	2.43	18.05	0.89	1.29	72.15	7.08
2014	22.7	−2.19	−0.4	−157.57	18.81	1.66	−4.15	75.43	−2.41
2015	20.1	−11.26	−2.52	—	12.46	4.09	−1.62	63.81	2.23
2016	20.7	2.96	0.09	−49.82	19.35	−1.17	−13	44.25	1.10
2017	21.5	3.65	0.3	172.8	19.35	−0.26	−0.87	43.58	2.96

点评：其实当梳理出 5 年主要财务数据时，公司已经被排除了，这是一份很不好看的基础财务数据。营收连续 5 年都在 20 亿元级别徘徊，没有什么增长。扣非净利润时好时坏，2017 年有转好的迹象，但不值得现在深挖。经营性现金流不太好，这几年都是负数，净资产收益率也很不好看。再从公司的产品来看，覆盖面很广，但没有什么特色，单品在行业内排位应该不会靠前。结论就是放弃。

2. 涪陵榨菜

公司简介：重庆市涪陵榨菜集团股份有限公司是一家以榨菜为根本，立足于佐餐开味菜领域快速发展的农业产业化企业集团，现有注册资本 7.89 亿元。依托涪陵榨菜原产地域优势，经过 20 多年的快速发展，公司年生产榨菜、泡菜能力达 20 万吨，是**中国最大的佐餐开味菜企业**，中国农产品深加工 50 强。是农业产业化国家重点龙头企业、全国轻工业先进集体、金砖国家领导人厦门会晤食材供应企业。公司及旗下"乌江"牌知**名度和榨菜产品市场占有率全国同行业第一**，在中国品牌 500 强位列第 347 名。涪陵榨菜 2013—2017 年经营数据如表 2.3 所示。

表 2.3　涪陵榨菜 2013—2017 年经营数据

年份	营业收入（亿元）	营业收入增长率（％）	扣非净利润（亿元）	扣非净利润增长率（％）	销售毛利率（％）	经营性现金流净额（亿元）	与扣非净利润之比	资产负债率（％）	ROE（％）
2013	8.46	18.74	1.32	7.38	39.62	2	1.52	20.02	14.26
2014	9.06	7.12	1.22	−7.27	42.39	1.09	0.89	16.94	12.12
2015	9.31	2.67	1.49	22.28	44.03	2.45	1.64	17.17	12.85
2016	11.2	20.43	2.32	55.17	45.78	4.03	1.74	18.94	17.56
2017	15.2	35.64	3.93	69.85	48.22	5.23	1.3	22.4	23.76

点评：这是一份令人惊艳的财务报表数据。从营业收入来看，每年都有增长，从 2016 年起开始加速，2017 年达到了近 5 年的最高点 35.64％；从扣非净利润来看，从 2015 年开始高速增长，且利润增幅高于营收增幅；销售毛利润稳中有升，5 年间提升了接近 10 个百分点；经

营性现金流净额持续增长，且大于净利润；资产负债率维持在较低的水平；净资产收益率稳健上升，5 年间也是提升了近 10 个百分点。

再从行业和产品来看，属于我所喜欢的细分行业的隐性冠军，行业第一名，是中国最大的佐餐开味企业，乌江系列榨菜名列全国第一。所以，结论就是这是一家值得继续深入研究的企业。

同时我们也产生了一个疑问等待解答：为什么公司的扣非净利润增速远超公司的营收增速？

3. 三圣股份

公司简介：重庆三圣实业股份有限公司是一家专注于石膏资源综合利用研究和产品开发，并集医药制药等多元产业于一身的上市企业。公司从专注于石膏资源的开发，到建立膨胀剂、减水剂、商品混凝土、硫酸等一体化产品协同发展的循环经济业务链，再到利用资本运作开拓医药制造领域，三圣股份已搭建出一个产业链整合完备的股份制企业架构，现公司拥有全资子公司或分公司 10 余家，涉及商品混凝土、混凝土外加剂、化工、矿山、医药、投资六大领域。三圣股份 2013—2017 年经营数据如表 2.4 所示。

表 2.4　三圣股份 2013—2017 年经营数据

年份	营业收入（亿元）	营业收入增长率（%）	扣非净利润（亿元）	扣非净利润增长率（%）	销售毛利率（%）	经营性现金流净额（亿元）	与扣非净利润之比	资产负债率（%）	ROE（%）
2013	11.7	10.57	0.92	−7.56	19.12	−0.47	−0.51	53.75	18.8
2014	12.7	8.25	1	8.86	19.28	−1.19	−1.19	52.62	15.96
2015	14.1	11.02	1.22	21.37	21.64	0.56	0.46	42.49	11.1
2016	15.1	7.23	1.16	−4.53	24.2	1.25	1.08	51.66	9.37
2017	19	25.76	1.06	−8.4	23.63	1.79	1.69	61.43	13.33

点评：看到乏善可陈的财务数据及完全不相关的两个主业，基本也可以排除掉这个企业了。营收每年增幅都很有限，2017 年增幅较大，却也是因为并购一家企业所致；扣非净利润一直都在 1 亿元左右徘徊，没有增长，近两年甚至下降；经营性现金流还算将就，比净利润高，但资产负债

率居然在 IPO 后反而升高了。再看公司的行业，在商品混凝土方面，目前来说仅是一个区域性的龙头企业而已，与我们寻找细分行业的全国龙头和隐性冠军不符，而在医药方面暂时看不清。结论就是放弃。

4. 莱美药业

公司简介：重庆莱美药业股份有限公司是一家集科研、生产、销售于一体的高新技术医药企业，以研发、生产和销售新药为主。经过十余年的发展，在科研创新方面形成了以淋巴示踪、淋巴靶向化疗和肿瘤靶向化疗的纳米药物技术为代表的自主创新研发平台，以微米、纳米分散技术及无菌原料药制备技术为代表的科研转化技术平台和以抗感染药和特色专科用药为代表的新药仿制平台。公司产品储备丰富，涵盖了大容量、小容量注射剂、粉针剂和冻干粉针剂在内的所有注射剂剂型，是国内注射剂剂型最全的医药生产企业之一。莱美药业 2013—2017 年经营数据如表 2.5 所示。

表 2.5 莱美药业 2013—2017 年经营数据

年份	营业收入（亿元）	营业收入增长率（%）	扣非净利润（亿元）	扣非净利润增长率（%）	销售毛利率（%）	经营性现金流净额（亿元）	与扣非净利润之比	资产负债率（%）	ROE（%）
2013	7.59	20.22	0.41	−10.46	38	0.75	1.83	48.41	7.77
2014	9.12	20.11	0.08	−80.56	31.95	−0.49	−6.13	54.68	0.87
2015	9.64	5.72	0.14	73.52	37.07	−0.25	−1.79	45.54	2.01
2016	9.9	2.72	−0.13	−195.93	41.82	1.26	−9.69	32.6	0.41
2017	12.8	29.47	0.47	—	48.84	0.61	1.3	37.13	3.36

点评：从营业收入来看，每年都有增长，还算不错，2017 年增速较快，但之前有三年停滞，一直稳定在 9 亿多元；但扣非净利润就比较惨淡，起伏非常大，2016 年是亏损的，2017 年强力反弹；销售毛利率在稳步增加，2017 年达到了 48% 以上；经营性现金流，最近两年变正，而且大于扣非净利润；资产负债率在稳步走低；但是净资产收益率一直都很低。再从行业来看，药品的种类非常多，但看起来都不是细分行业的隐形

冠军。公司 2017 年的经营情况有了极大的好转，但是经营数据还没有达到让我马上就可以把它纳入重点研究对象的标准，所以暂时放弃，保持普通跟踪，2018 年，如果经营数据继续有极大的好转，就可以进一步深入研究了。暂时放弃的另外一个重要原因就是这家公司上市很多年了，但一直都没有什么特别的表现。

5. 智飞生物

公司简介：重庆智飞生物制品股份有限公司是第一家在创业板上市的民营疫苗企业，旗下四家全资子公司及一家参股子公司，主营的人用疫苗为国家七大战略性新兴产业，发展前景广阔。智飞生物 2013—2017 年经营数据如表 2.6 所示。

表 2.6　智飞生物 2013—2017 年经营数据

年份	营业收入（亿元）	营业收入增长率（％）	扣非净利润（亿元）	扣非净利润增长率（％）	销售毛利率（％）	经营性现金流净额（亿元）	与扣非净利润之比	资产负债率（％）	ROE（％）
2013	7.8	2.61	1.25	−30.74	60.51	2.22	1.78	7.67	5.5
2014	8.01	2.66	1.45	16.25	61.2	1.61	1.11	9.46	6.12
2015	7.13	−11.01	1.89	29.97	80.11	2.23	1.18	7.92	7.94
2016	4.46	−37.43	0.27	−85.68	92.1	0.9	3.33	6.95	1.3
2017	13.4	201.06	4.33	1500.82	78.54	2.04	0.47	28.46	15.85

公司现有产品线比较丰富，在国内属于行业翘楚。现在售产品包括AC 群脑膜炎球菌（结合）b 型流感嗜血杆菌（结合）联合疫苗（喜贝康®）、b 型流感嗜血杆菌结合疫苗（喜菲贝®），以及 A、C、Y、W135 群脑膜炎球菌多糖疫苗（盟威克®）、注射用母牛分枝杆菌（微卡®）、A 群 C 群脑膜炎球菌多糖结合疫苗（盟纳康®）等自主产品及统一销售默沙东授权的 23 价肺炎球菌多糖疫苗、甲型肝炎灭活疫苗（人二倍体细胞）、四价人乳头瘤病毒疫苗（酿酒酵母）、九价人乳头瘤病毒疫苗（酿酒酵母）、口服五价重配轮状病毒减毒活疫苗（Vero 细胞）等所有进口疫苗。公司的 AC-hib 三联疫苗（喜贝康）为全球独家。在研药物中的 13 价、15

价肺炎疫苗也是未来的重磅疫苗。

点评：又找到一家隐性冠军式的企业。先看财报数据，收入在前几年比较稳定，2016 年受到山东疫苗事件的影响，营收大幅下滑，但在 2017 年实现了 200% 的反弹式增长；扣非净利润也是一样，在 2017 年获得了极大的增长；销售毛利率在近几年得到了极大的提升，在 2016 年甚至达到了 92%；现金流也非常好；资产负债率一直维持在极低的水平，虽然 2017 年大幅增加到 28.46%，但仍然十分安全。净资产收益率，前面几年都不高，其实这也和公司资产负债率很低有关系，没有利用杠杆的力量。2017 年，因为加了一点杠杆，所以净资产收益率就起来了。在行业方面，**公司是国内疫苗行业的巨头，与云南的沃森生物并称为国内疫苗行业的双雄**，公司的 AC-hib 三联疫苗（喜贝康）为全球独家，彰显了行业地位。在迈过了山东疫苗事件的影响这道坎之后，业务数据大幅增长，因此值得继续深入研究。

6. 福安药业

公司简介：福安药业（集团）股份有限公司成立于 2004 年 2 月 25 日，是在深圳创业板成功上市的企业，公司旗下拥有 9 家全资及控股子公司，分别为 2008 年 3 月成立的从事药品研发的全资子公司福安药业集团重庆礼邦药物开发有限公司、2009 年 7 月全资收购的以制剂生产为主营业务的福安药业集团庆余堂制药有限公司和主要从事药品销售业务的重庆生物制品有限公司、2011 年 8 月全资控股以制剂生产为主营业务的福安药业集团湖北人民制药有限公司、2013 年 8 月 20 日控股子公司福安药业集团重庆凯斯特医药有限公司、2014 年 3 月全资控股的从事医药中间体生产的广安凯特制药有限公司、2015 年 5 月全资控股的福安药业集团宁波天衡制药有限公司、2016 年 6 月全资控股的烟台只楚药业有限公司、2016 年 9 月从集团公司剥离成立的福安药业集团重庆博圣制药有限公司。公司主要从事原料药及制剂的生产、销售。福安药业 2013—2017 年经营数据如表 2.7 所示。

表 2.7　福安药业 2013—2017 年经营数据

年份	营业收入（亿元）	营业收入增长率（%）	扣非净利润（亿元）	扣非净利润增长率（%）	销售毛利率（%）	经营性现金流净额（亿元）	与扣非净利润之比	资产负债率（%）	ROE（%）
2013	3.58	−14.82	0.38	−54.55	32.55	0.9	2.37	7.43	2.26
2014	4.49	25.38	0.44	20.68	31.83	−0.31	−0.7	6.81	2.68
2015	7.08	57.86	0.57	30.1	44.2	1.61	2.82	13.83	3.33
2016	13	83.17	2.15	275.17	46.92	3.74	1.74	9.87	7.72
2017	20.9	61.2	2.63	21.99	56.41	4.53	1.72	11.05	7.02

目前公司主要涉及的领域有抗感染、抗肿瘤、精神神经系统、心脑血管、消化系统、内分泌及代谢、骨骼与肌肉系统等。

点评：乍一看，福安药业的财务报表非常好，但仔细来分析一下细项，便会看出一些问题。营业收入最近几年增长很不错，可以说是飞速增长，从 2013 年的 3 个多亿到 2017 年的 20 来亿；扣非净利润的增长不及营收的增长。例如，2017 年营收增长率为 61.2%，但扣非净利润增长率只有 21.99%；奇怪的是，销售毛利润却达到了这几年的最高点，说明在管理成本等方面没有控制好；经营性现金流净额还不错，这几年都是大于扣非净利润的。

资产负债率非常低，说明几乎没有用杠杆，这也导致净资产收益率比较低。从公司的简介中可以看出这几年公司营收的飞速增长，主要就是靠并购，例如 2016 年的业绩飞速增长，主要就是靠并表烟台只楚药业。从产品上面来看，品种比较多，但不属于在行业内有绝对优势的隐形冠军。所以结论就是保持日常跟踪，但不属于当期需要深入研究的标的。

7. 三峡水利

公司简介：重庆三峡水利电力（集团）股份有限公司起源于 1929 年成立的万县市电业公司，至今已有 90 余年产业发展历史。公司注册地位于三峡库区腹地，素有"川东门户"之称的重庆市万州区，主要从事发电、供电、电力设计勘察安装等业务，公司现拥有 7 个全资子公司、5 个控股子公司和 3 个参股公司，投产及在建的水电装机容量共 26 万 kW，拥有鱼背山、双河、赶场、杨东河、长滩、瀼渡等水力发电站，并控股向家嘴水电站；拥有变电站 30 余座，与湖北和重庆电网联网，已形成"十"字形 110 kV 骨架网络，可实现 110 kV 环网运行；公司年售电量近 16 亿千瓦时，是三峡库区重要的电力负荷支撑点。三峡水利 2013—2017 年经营数据如表 2.8 所示。

表 2.8　三峡水利 2013—2017 年经营数据

年份	营业收入（亿元）	营业收入增长率（%）	扣非净利润（亿元）	扣非净利润增长率（%）	销售毛利率（%）	经营性现金流净额（亿元）	与扣非净利润之比	资产负债率（%）	ROE（%）
2013	13.7	44.84	0.81	26.36	19.97	3.39	4.19	66.51	9.52
2014	13	−5.21	1.1	36.61	24.65	3.57	3.25	66.5	12.91
2015	13.2	1.38	1.76	59.53	28.94	3.82	2.17	47.55	10.36
2016	12.6	−4.43	2.1	19.06	30.56	4.34	2.07	46.93	9.92
2017	12.2	−3.17	1.98	−5.67	32.26	3.48	1.76	45.31	13.25

点评：从几个财务数据的情况和公司介绍中就可以很清楚地看出，这是一家成熟的价值股。净利润 2017 年增速较快，但扣非净利润却是负增长，说明不是主营业务带来的利润增长。

公司的主营业务就是负责运营管理三峡库区的一些发电站，业务的天花板很明显，没有办法再高速扩张。这几年公司的经营情况很稳定，扣非净利润从 2013 年到 2018 年增长了一倍，但销售收入却没有怎么增长，靠的就是毛利率的提升，毛利率从 2013 年的 19.97% 增长到了 2018 年的 32.26%。现金流非常好，资产负债率也在逐步地降低，净资产收益率稳定在 10% 多一点的水平，所以这个公司就是一家非常稳定的成熟股，有着充沛的现金流，但是没有成长性。而没有成长性的股票是不符合我的交易体系的，所以就排除掉了。

8. 重庆啤酒

公司简介：重庆啤酒股份有限公司，前身为重庆啤酒厂，创建于 1958 年，经过 60 年的市场竞争，公司由建厂之初的 60 万元资产发展为拥有资产近 35 亿元，年销售啤酒近 100 万千升的西南领先啤酒企业，"中国十大啤酒集团"之一，连续 20 年进入"重庆工业五十强"。重庆啤酒 2013—2017 年经营数据如表 2.9 所示。

表 2.9　重庆啤酒 2013—2017 年经营数据

年份	营业收入（亿元）	营业收入增长率（%）	扣非净利润（亿元）	扣非净利润增长率（%）	销售毛利率（%）	经营性现金流（亿元）	与扣非净利润之比	资产负债率（%）	ROE（%）
2013	33.9	7.54	1.67	22.14	45.25	5.58	3.34	58.51	10.64
2014	31.7	−6.44	0.75	−55.48	44.6	4.14	5.52	63.85	5.69
2015	33.2	4.9	−0.69	−192.52	36.92	4.48	−6.49	67.24	−5.47
2016	32	−3.85	1.84	—	39.31	5.69	3.09	63.09	15.37
2017	31.8	−0.64	3.08	67.89	39.35	8.2	2.66	66.77	28.29

1997 年成为上市公司后，重啤股份在立足重庆本土的基础上，通过兼并、合资、参股、资产重组等现代资本运作的方式，不断扩张。

目前，重啤股份有 15 个生产基地，分布于重庆、四川、湖南等地。2013 年，全球第三大啤酒商——丹麦嘉士伯集团经过多年的增持，以 60% 的持股比例成为重啤股份第一大股东，重啤股份由此正式成为嘉士伯集团成员。在嘉士伯集团的重点支持下，重啤股份不仅在生产工艺、产品品质上得到进一步的提升，也形成了"本地强势品牌（重庆、山城）+ 国际高端品牌（嘉士伯、乐堡、1664）"的强大品牌组合，满足人们不同场景的消费需求。

点评：从财务报表来看，重庆啤酒这两年实现了逆袭，但营收方面一直保持在 30 亿元出头一点，没有什么增长，但扣非净利润实现了快速的增长，2015 年的时候还亏损了 6900 万元，但 2017 年盈利 3.08 亿元，奇怪的是毛利润不但没有增长，反而下滑了，经营性现金流非常好，2017 年实现了 8.2 亿元的经营性现金流净额，资产负债率比较稳定，净资产收益率大幅度提升，从公司的简介中可以看出原因，即产品升级。

2013 年，嘉士伯集团成为重啤股份的控股股东之后，优化了重庆啤酒的管理模式，产品结构实现了升级，从低端的山城升级到了高端的乐堡。从而实现了在销售收入不增长的情况下，净利润的大幅增长。但是从行业排位来说，重庆啤酒还只是在西南地区的区域性龙头，并不是全国性的啤酒巨头。啤酒行业的企业排名中，重庆啤酒虽然进了前十位，但是排在后面几名去了，不太符合我寻找全国性的隐形冠军的目标，但这两年重庆啤酒应该比较好，可以作为一个日常跟踪的标的。

9. 重庆港九

公司简介： 重庆港九股份有限公司是经重庆市人民政府批准，由原重庆港口管理局为主要发起人，联合成都铁路局、重庆铁路分局、重庆长江轮船公司、张家港港务局共同发起成立的股份有限公司。重庆港九 2013—2017 年经营数据如表 2.10 所示。

表 2.10　重庆港九 2013—2017 年经营数据

年份	营业收入（亿元）	营业收入增长率（%）	扣非净利润（亿元）	扣非净利润增长率（%）	销售毛利率（%）	经营性现金流（亿元）	与扣非净利润之比	资产负债率（%）	ROE（%）
2013	12.7	−13.29	0.59	173.38	30.18	0.45	0.76	46.09	3.76
2014	19	49.26	0.68	15.55	21.18	2.55	3.75	40.45	3.21
2015	20.7	9.01	0.68	−3.05	19.05	3.34	4.91	42.64	2.44
2016	22.2	6.45	0.67	−1.04	17.87	−1.94	−2.9	44.24	2.43
2017	63.2	185.3	1.07	60.77	8.05	1.12	1.05	44.18	13.89

公司地处长江上游，是西南地区最大的水陆客货中转港和唯一的水陆联运外贸口岸，重庆地区 95% 的水路集装箱运输均从公司所属港区通过。公司拥有港口、船舶、铁路、公路、仓储等资源，综合物流要素较为齐全，是重庆市唯一获得"5A"级物流企业称号的现代综合物流企业。

公司是西南地区最大的港口物流企业，旗下拥有分、子公司共 19 家，其中分公司 6 家，控股子公司 10 家，参股公司 3 家。其中所属国际集装箱码头公司是我国首家内陆保税港区的"水港"，区位独特，优势明显；重庆果园港是国家级铁路、公路、水路多式联运综合交通枢纽，是重庆规划布局的现代化港口群中的主枢纽港、重庆建设长江上游航运中心的重要载体，涉及年通过能力 3000 万吨，目前已建成 16 个 5000 吨级泊位。

公司还拥有长寿化工专业化码头一座，该码头填补了西南地区无专业化化工码头的空白；拥有 180 吨和 400 吨特重件装卸作业线各一条，其中 400 吨特重件作业线配置的浮吊是全国内河一次性起重量最大，具备360°全旋转功能的港口作业机械，是西南地区特、重大件进出的重要通道；拥有功能齐全、设施先进的全国内河港口旅客通过量最大的水上旅游客运站，年客运能力达 3000 万人次，是长江上游水上旅游的门户和重要通道。

点评：通过公司的基本介绍，我们可以很清楚地看出公司是一家很稳健的区域性龙头企业，公司的护城河就是依靠政策资源获得的业务垄断，因此非常稳定。重庆地处长江上游、三峡库区腹地，西南的许多物资都要从公司所在的港口进出，随着经济的发展，对外开放的提速，可预见的是公司的业绩会继续稳健增长。公司的果园港是西南地区极其重要的港口，不少国家领导人都曾经视察过，有一定的发展潜力。但是，公司的行业天花板也很明显，因为行业和地域所限，导致未来不会有高预期，业绩也不会有持续的、超高速的发展。

公司发展的瓶颈就在于此，政策上获得的是护城河但同时也是瓶颈，从财务数据来看，扣非净利润一直停滞不前，2017 年归母净利润中非经常性损益为 3.76 亿元，主要是公司九龙坡港土地收储在本期确认净损益 4.47 亿元，为不可持续的收入，营业收入方面，依靠资本运作在 2017 年实现了大发展，但也是不可持续的；毛利率大幅下滑，说明资本运作的资产盈利能力不强；现金流从好到一般，资产负债率维持稳定状态，净资产收益率大幅增加，应该是非经营性收益导致而非主营业务。综上判断该公司为稳健的低增速价值股，不属于我的目标范畴。

10. 涪陵电力

公司简介：重庆涪陵电力实业股份有限公司成立于 1999 年 12 月 29 日，

由重庆川东电力集团有限责任公司作为主发起人，联合重庆市涪陵有色金属工业公司、成都市太安铝型材厂、重庆市涪陵投资集团公司、重庆市涪陵变压器厂共同发起设立，是重庆涪陵唯一的电力经营企业。公司主营业务为电力供应业务、配电网节能业务。涪陵电力 2013—2017 年经营数据如表 2.11 所示。

表 2.11 涪陵电力 2013—2017 年经营数据

年份	营业收入（亿元）	营业收入增长率（%）	扣非净利润（亿元）	扣非净利润增长率（%）	销售毛利率（%）	经营性现金流（亿元）	与扣非净利润之比	资产负债率（%）	ROE（%）
2013	12.4	11.44	0.39	72.83	13.73	0.99	2.54	41.69	13.84
2014	12.7	1.99	0.42	9.42	12.36	1.52	3.62	37.15	15.38
2015	12.5	−1.47	0.77	82.93	10.44	1.7	2.21	43.56	30.85
2016	16.7	33.22	1.49	92.29	13.36	3.44	2.31	76.18	22.23
2017	20.6	23.73	2.25	50.83	17.02	6.97	3.1	72.46	22.32

电力供应业务主要是供应与销售电力、电力调度及电力资源开发；配电网节能业务主要是针对配电网节能降损提供节能改造和能效综合治理解决方案，主要采用合同能源管理（简称 EMC）模式，并以节能效益分享等方式回收投资和获得合理利润。

点评：从财务经营数据来看，这是一家不错的公司，营业收入在经历了三年的停滞之后，从 2016 年开始爆发，连续两年实现 20% 以上的稳健增长；扣非净利润方面，最近 5 年仅 2014 年缓慢增长，其余 4 年均为高速增长；销售毛利率稳中有升，其中 2017 年实现了 17.02% 的最高毛利率；经营性现金流净额一直大幅超出扣非净利润，2017 年之比达到了 3.1；唯一不足的是资产负债率，最近几年上升得比较快，也说明了公司在利用杠杆实现较快速度的发展，2017 年达到了 72.46%；在有效利用杠杆的同时，ROE 持续上升，2017 年达到 22.32%。

但从公司介绍来看，还是有其业务局限性，公司主营业务为电力供应业务，主要服务区域就在涪陵区，这一块业务已经固定了，没有办法再扩大，配电网节能业务倒是比较有亮点，采用合同能源管理的模式，获得相应的收益，这个业务服务范围应该是不仅限在涪陵区域内。从行业地位来看，这家公司并不属于隐形冠军之类的企业，但财务数据确实比较好看，所以结论就是，值得保持日常跟踪，但当期可以放弃。

11. 重庆百货

公司简介：重庆百货大楼股份有限公司建于 1950 年，是重庆市第一家商业上市公司。多年来，重庆百货抓机遇促改革，深化经营结构调整，大力推进产融结合，现已发展成为西南地区百货零售龙头企业，连续十几年跻身"全国零售 100 强"，2017 年荣列财富中国 500 强第 187 位。重庆百货 2013—2017 年经营数据如表 2.12 所示。

表 2.12　重庆百货 2013—2017 年经营数据

年份	营业收入（亿元）	营业收入增长率（%）	扣非净利润（亿元）	扣非净利润增长率（%）	销售毛利率（%）	经营性现金流（亿元）	与扣非净利润之比	资产负债率（%）	ROE（%）
2013	314	7.28	7.9	16.33	16.49	3.16	0.4	61.56	23.01
2014	301	−3.94	4.94	−38.47	16.87	−1.17	−0.24	60.87	11.13
2015	365	21.26	3.16	−36.13	18.68	4.29	1.36	59.89	7.88
2016	338	−7.25	3.42	11.54	16.8	4.62	1.35	61.18	8.98
2017	329	−2.75	5.86	71.49	17.68	12.87	2.2	61.13	12.56

重庆百货已形成了百货、超市、电器、汽车贸易等多业态发展的经营格局，培育了电子商务、消费金融、供应链金融及质量检测等新兴产业，旗下拥有"重百"、"新世纪百货"两大中国驰名商标；重庆百货、新世纪百货、商社电器和商社汽贸四大品牌享誉巴渝，广受消费者信赖与喜爱。

点评：从公司的介绍中可以看出，重庆百货就是一家区域性的龙头商贸企业。通过搜索查询到公司的营业收入排名为全国商业连锁企业第七名，因此不属于全国性的龙头企业。不过重庆百货在西南地区的确经营得还不错，从财务报表来看，这几年受电子商务的影响，营业收入停滞不前。一直在 300 多亿元徘徊，从 2015 年开始逐年下降，扣非净利润起伏较大，但从 2016 年开始得到了反弹增长。2017 年，公司的营业收入在同比下降的同时，扣非净利润却实现了 71.49% 的增长，经营性现金流也得到了大幅的增长，达到了 12.87 亿元。资产负债率保持稳定，净资产收益率稳中有升。不过由于公司的基本面并不是太好看，也不是全国性的龙头，并且以连锁经营的模式来看，未来很难实现销售的爆发性增长，所以放弃。

12. 小康股份

公司简介：小康股份是一家以智能网联（电动）汽车和节能环保发动机为核心业务，以汽车、智能内饰系统及国际汽车业务为主营业务的实体制造企业，现已形成集汽车整车、发动机、汽车零部件的自主研发、制造、销售及服务于一体的完整产业链，主营产品包括 SUV、MPV、纯电动商用车等整车以及 1.5T、1.8L 节能、环保高效的发动机。小康股份2013—2017 年经营数据如表 2.13 所示。

表 2.13　小康股份 2013—2017 年经营数据

年份	营业收入（亿元）	营业收入增长率（%）	扣非净利润（亿元）	扣非净利润增长率（%）	销售毛利率（%）	经营性现金流（亿元）	与扣非净利润之比	资产负债率（%）	ROE（%）
2013	82.9	5.34	3.29	10.31	21.4	1.06	0.32	75.7	20.64
2014	94.2	9.03	2.01	−35.93	19.89	3.96	1.97	75.11	14.91
2015	106	12.07	2.85	14.52	19.31	3.92	1.38	74.3	15.67
2016	162	53.42	4.33	51.78	19.34	11.46	2.65	76.94	15.93
2017	219	35.46	6.39	47.77	22.18	9.97	1.56	75.44	17.65

公司以量子思维、迭代方式研发电驱动技术和三电系统集成技术、智能驾驶系统集成技术，打造技术核心竞争力。下辖小康动力、淮海动力、小康部品、小康进出口等多家全资子公司，以及与东风公司合资成立的东风小康，公司发展战略是创建百万量级且富有竞争力的汽车集团。

小康股份先后荣获中国驰名商标、全国守合同重信用企业、全国就业先进企业、国家知识产权示范企业、重庆工业企业 50 强、重庆市企业集团纳税 50 强、重庆市出口知名品牌等荣誉，多次入选中国民营企业 500强、中国制造业 500 强、中国机械 500 强。

点评：从公司的介绍来看，这就是一家普通的汽车整车制造企业，现阶段主要生产自主品牌的 SUV 和各类商用车。从全国来看，就是一家体量还不大的汽车整车制造企业。但从公司的介绍来看，公司目前已经开始了智能电动汽车的项目，还没有产生营收。从财报来看，非常亮眼，上市两年以来营业收入和扣非净利润均实现了翻番以上的增长，其中营业收入从 2015 年的 106 亿元增长到了 219 亿元，扣非净利润从 2.85 亿元增长到了 6.39 亿元，并且扣非净利润的增速超过了营收增幅，销售毛利率也在 2017 年实现了接近三个百分点的增长，达到 22.18%，经营性现金流非常好，一直大幅超过扣非净利润，资产负债率维持在 75% 左右，净资产收益率在这几年也实现了小幅的提升。因此，如果仅从公司的行业地位来看，这家公司不值得进一步跟踪和关注。但是，公司漂亮的财务报表是公司值得进一步跟踪的理由，而且公司也在大力推进新能源汽车业务。所以结论就是值得进一步的跟踪和分析。

13. 重庆水务

公司简介：公司的前身为重庆市水务控股（集团）有限公司，成立于 2001 年 1 月 11 日，是由重庆市人民政府以其全资持有的国有企业重庆市自来水公司、重庆市排水有限公司、重庆市公用事业基建工程处、重庆公用事业工程建设承包公司、重庆公用事业投资开发公司等国有企业的权益出资设立的国有独资有限责任公司。重庆水务 2013—2017 年经营数据如表 2.14 所示。

表 2.14　重庆水务 2013—2017 年经营数据

年份	营业收入（亿元）	营业收入增长率（%）	扣非净利润（亿元）	扣非净利润增长率（%）	销售毛利率（%）	经营性现金流（亿元）	与扣非净利润之比	资产负债率（%）	ROE（%）
2013	40	0.78	17.7	2.5	50.27	22.73	1.28	34.42	14.77
2014	41.4	3.43	12.6	−29.24	45.15	21.77	1.73	35.56	10.94
2015	44.9	8.5	13.2	5.2	45.34	20.52	1.55	30.55	11.65
2016	44.5	−0.77	8.84	−33.07	37.59	21.29	2.41	33.47	8.03
2017	44.7	0.4	19.1	116.18	46.11	19.97	1.05	29.32	15.09

公司是通过控股子公司、合营及联营企业从事自来水的生产销售、城市污水的收集处理及供排水设施的建设等业务。根据《重庆市人民政府关于授予重庆水务集团股份有限公司供排水特许经营权的批复》（渝府〔2007〕122 号）文件，本公司及受本公司控制的供、排水企业在特许经营区域范围内，独家从事供排水服务和负责供排水设施的建设，特许经营期限为自股份公司成立之日起 30 年。

点评：通过公司的基本介绍，我们可以很清楚地看出公司是一家很稳健的区域性龙头企业，公司的护城河就是依靠政策资源获得的业务垄断，因此非常稳定。在公司特许经营范围内，没有竞争对手；重庆市范围内，重庆市水利投资（集团）有限公司是仅次于重庆水务的第二大水务公司，为重庆市人民政府出资的国有独资公司。主要从事水利投资、工程建设及经营管理建设所形成的资产，业务涉及水利、水电、供水等业务。

在重庆市范围内涉足供排水业务的市场份额较小，而且主要服务区域为重庆市远郊区县，城镇供水量约占重庆市城镇供水市场的 6%，不构成竞争威胁。但公司的发展瓶颈也源于此，业务的天花板显而易见，所以从财报来看，营业收入一直都是 40 来亿元级别，没有什么增长，扣非净利润也十分稳定，但是在 2017 年实现了翻番增长，销售毛利率一直维持在 40% 多的水平，经营性现金流非常好，资产负债率也偏低，仅 30% 左右，净资产收益率在杠杆不高的情况下能达到 10% 以上的水平，也很不错。

不过这么优质的报表，我却不愿意继续研究，因为公司没有成长性，这就是一家成熟的区域性龙头公司。如果喜欢稳健成熟股，喜欢分红的投资者，可以考虑。

14. 再升科技

公司简介：重庆再升科技股份有限公司是国家高新技术企业，公司致力于微纤维及其制品的研究、生产和销售，公司的产业方向服务于"空气污染控制＋高效节能"，立足于微玻纤，不断探索合成纤维、天然纤维、矿物纤维、碳纤维、纤维复合等领域，力争在超细纤维领域大有作为。再升科技 2013—2017 年经营数据如表 2.15 所示。

表 2.15　再升科技 2013—2017 年经营数据

年份	营业收入（亿元）	营业收入增长率（%）	扣非净利润（亿元）	扣非净利润增长率（%）	销售毛利率（%）	经营性现金流（亿元）	与扣非净利润之比	资产负债率（%）	ROE（%）
2013	2.06	34.12	0.24	22.38	33.98	0.18	0.75	27.66	16.53
2014	2.13	3.72	0.35	47.19	40.2	0.43	1.23	23.38	20.3
2015	2.34	9.46	0.3	−14.1	36.45	0.52	1.73	22.92	16.47
2016	3.2	36.95	0.61	99.11	43.63	0.62	1.02	17.94	10.12
2017	6.4	99.96	0.9	49.37	35.7	0.34	0.38	41.77	9.95

公司专注于空气污染控制，探索专研"过滤"、"分离"、"吸附"、"分解"等技术领域，力争使产品覆盖空气污染的事前、事中、事后的全过程控制。公司技术研发实力雄厚，研发费用占每年营业收入比例的 4% 以上，是重庆市创新型试点企业、重庆市四星级培育企业和重庆市第一批知识产权试点单位，以及创新基金重点培育企业。

公司的核心产品纤维空气过滤纸产销量位居全国首位，占据市场份额的 50% 左右，差不多是国内同行业对标企业的三倍。公司也是国内首批生产真空绝热板芯材的企业之一，公司还致力于真空绝热板芯材及下游产品深度开发研究。

点评：这又是一家细分行业的隐形冠军式的企业。从财报来看，在上市之前，公司因为缺乏资金，营收和利润均保持稳定，没有大幅增长，而 2015 年上市之后，公司的各项业绩指标均实现了高速增长。

营业收入从 2015 年的 2.34 亿元增长到了 2017 年的 6.4 亿元，增长了近两倍，扣非净利润从 3000 万元到 9000 万元，正好增长两倍，扣非净利润增速非常快，销售毛利率一直维持在 35% 以上的高位，2017 年略有下降，经营性现金流在 2017 年有所下降，资产负债率略有升高，说明企业运用了一定的杠杆，但不是太高，还在可控范围内。

净资产收益率近两年不是太高，但公司的介绍已经说明了它的行业地位，就是这个细分行业的第一名，而且远远地超出第二名，所以这家公司再加上公司的主要营业指标比较好，因此值得进一步深入研究。

15. 华森制药

公司简介：重庆华森制药股份有限公司位于重庆市荣昌区高新区和重庆市两江新区，公司是一家集药品研发、生产和销售于一体的国家重点高新技术企业。公司 2017 年荣获"第六届重庆市市长质量管理奖"、"中国药品研发品牌 10 强"。华森制药 2013—2017 年经营数据如表 2.16 所示。

表 2.16　华森制药 2013—2017 年经营数据

年份	营业收入（亿元）	营业收入增长率（%）	扣非净利润（亿元）	扣非净利润增长率（%）	销售毛利率（%）	经营性现金流（亿元）	与扣非净利润之比	资产负债率（%）	ROE（%）
2013	3.47	—	0.2	—	62.98	0.47	2.35	41.99	13.23
2014	4.26	22.61	0.47	129.46	63.75	0.2	0.43	44.22	22.37
2015	4.69	10.19	0.62	32.34	62.05	0.66	1.06	32.19	22.44
2016	5.52	17.55	0.79	27.17	64.37	0.58	0.73	29.27	23.14
2017	5.92	7.33	0.9	14.28	67.01	0.81	0.9	18.66	20.67

华森制药本着"科技引领，创新驱动"的理念，打造"专、精、特、新"的优质产品。现拥有药品品种 68 个，包括中成药、化学原料及制剂，其中国家"医保"目录药品 48 个，国家级新药 16 个，申报专利 59 项，49 项已获得专利证书。华森制药已建成 11 条国内领先的生产线，包括片剂、散剂、颗粒剂、硬胶囊剂、软胶囊剂、粉针剂、冻干粉针剂、小容量注射剂、原料合成和植物药提取等。

点评：从公司的简介和财务数据来看，这是一家有潜力，但是现阶段尚未成为细分行业隐形冠军的公司，公司的产品很多，但是还没有某方面的产品成为行业里面具有绝对优势的品种，多而散。从财务数据来看，这几年营业收入虽然有增长，但是增速不快，2017 年的营收增速只有 7.33%，扣非净利润缓慢增长，销售毛利率不错，一直稳定在 60% 以上，经营性现金流和扣非净利润基本匹配，资产负债率逐年下降，2017年因为上市的缘故，资产负债率大幅下降，净资产收益率不错，稳定在20%以上。所以结论就是对这家公司可以保持适度的关注，来年再看，当年暂时放弃。

2.5 挖掘自己能力圈内的个股——第三轮筛选

通过第二轮的指标筛选，我们进一步地缩小了拟深度研究的目标，从15个缩减到了7个，分别是：涪陵榨菜、智飞生物、福安药业、重庆啤酒、涪陵电力、小康股份和再升科技。

那么第三轮筛选的目的就是筛选出真正值得我们深度研究的标的，因为深度研究非常耗精力，而人的精力有限，所以得集中力量聚焦在少数股票上。

第三轮筛选的方法，就是通过公开资料进行研究分析，寻找到第二轮筛选中还存在的疑问的答案，从而判断是否进入最后的深度分析阶段。

在这里我们统计归纳一下，对上述7只股票需要解答的问题。

涪陵榨菜：公司的扣非净利润增幅远超公司的营收增幅的原因。

智飞生物：2017年业绩突然爆发的原因。

福安药业：2017年毛利率提升的同时但扣非净利润的增长幅度不及营收的原因。

重庆啤酒：毛利率下降而净利润提升的原因。

涪陵电力：业绩突飞猛进和资产负债率突然高企的原因。

小康股份：公司这两年业绩突飞猛进的原因。

再升科技：营收和扣非净利润高速增长的同时，为什么净资产收益率下降，资产负债率提升和经营性现金流变坏。

要找到上述问题的原因，主要就是通过阅读相应年份的年报。因为上述问题并不复杂，仅是财报当中的疑点，尚不需要非常深入的研究就可以找到答案。

通过研究，上述问题的答案如下：

1. 涪陵榨菜

通过阅读年报以及相关的资料，我们就找到了公司扣非净利润增幅远超公司营收增幅的答案，就是两个字：提价。

公开资料显示，涪陵榨菜通过直接提价和改换包装以及重量变相提价的模式，大大地提高了公司的业绩。

2016 年，鲜爽菜丝包装从 1 元 /50g、1 元 /60g、1 元 /70g 升级至 1.5 元 /88g；2016 年 7 月 1 日，上调 11 个单品的产品到岸价格，提价幅度为 8%-12%；2017 年 2 月，主力产品 88g 榨菜提价 15%~17%；2017 年 11 月，公司 88g 主力产品和 175g 脆口产品调整为 80g 和 150g。

但是，持续不断的提价，不仅没有减少公司的销量，反而使销量稳步增加，究其原因，一方面是因为公司的产品单价低，消费者对价格不敏感，另一方面是公司强大的品牌护城河形成的提价权，乌江牌榨菜已经是全国家喻户晓的榨菜第一品牌，具备比较明显的品牌识别度。因此通过初步的研究，行业第一 + 极好的现金流 + 差异化的产品（产地垄断），公司值得深度研究和跟踪。

2. 智飞生物

通过阅读年报及相关的资料，我们可以看出产品的迅速放量是业绩大增的原因。2016 年因为山东疫苗事件，整个疫苗行业一片惨淡，智飞生物也遭遇到了业绩下降的情况，2017 年行业的不利因素已经消失，智飞生物这样的龙头企业率先反弹，公司营收和利润高速增长主要是二类疫苗销售顺利恢复和为默沙东提供推广服务产生的服务费收入增加。自有的独家品种 AC-Hib 三联苗全年销售 400 万支，贡献公司主要的利润，在消费升级大背景、赛诺菲巴斯德五联苗持续供应紧张下，公司强大的渠道资源及推广能力，AC-Hib 延续高增长态势。

同时，公司代理默沙东的四价 HPV 疫苗已上市销售，目前已获批签发预计超过 50 万支，已经在全国中标 24 个省份左右，且已陆续在全国各地实现接种，终端显示出供不应求的状态。

所以，智飞生物这家公司是值得长期跟踪的疫苗行业的龙头企业。

3. 福安药业

针对福安药业的疑问，认真阅读了年报，营收高增长，毛利率提升而扣非净利润增幅不及营收增幅的原因很快找到，即销售费用。2016 年销售费用为 14016 万元，而 2017 年突增到 58320 万元，增幅巨大。

公司年报解释为：一是随着国家"两票制"政策的实施，公司加强自主学术推广及销售终端开发的力度，主要表现为市场开发费、推广费等费用的增幅较大；二是公司业务规模增长，销售费用支出相应增加。在年报的财报附注中，可以查到学术推广费为 40463 万元。这个费用无法说清楚，我也无意再挖，总之基于寻找细分行业第一的理念，福安药业是暂时达不到这个标准的，福安只是某些药品的出货量比较靠前，因此选择放弃。

4. 重庆啤酒

针对重庆啤酒的疑问，通过阅读，很快可以查询到毛利润下降而净利润大幅度提升的原因，即资产减值。2017 年固定资产减值计提仅 2614 万元，而 2016 年计提 15106 万元，两者相差 12492 万元，正好和 2017 年与 2016 年的业绩差正相关。

因此，可以判断得出，2017 年重庆啤酒业绩大涨的原因其实主要并不是消费升级，因为毛利润反而是下降的，而是固定资产减值计提的多少导致的。再者，重庆啤酒仅是一个区域性的龙头企业，在啤酒行业中仅排名在 5 名之后，不太符合我们寻找细分行业第一的定位，因此选择放弃。

5. 涪陵电力

针对涪陵电力的疑问，通过阅读，很快可以查询到业绩突飞猛进和资产负债率突然高企的原因。业绩突飞猛进的原因，年报当中有描述：本期报告包含节能业务 2017 年全年数据，上年同期仅包含节能业务 4 月 23 日－年末的数据，即 2017 年的业绩数据较 2016 年多了 7 个多月的节能业务的并表数据。

再来看资产负债率在 2016 年突然增高的问题，可发现 2016 年应付账款金额为 14.75 亿元，而 2015 年仅为 0.94 亿元，2016 年长期借款为 6.85 亿元，而 2015 年为 0。为什么负债增长得如此之快呢？结论还是因为公司新并购的节能业务所致，因为节能业务需要大量的资金进行周转。

因此，涪陵电力实质上就是一家依靠政策而形成的区域性垄断企业，这类企业赚钱但不值钱，没有想象空间，因此也选择放弃。

6. 小康股份

小康股份上市两年多以来，业绩突飞猛进，营业收入从 2015 年的 105 亿元增长到 2017 年的 219 亿元，净利润从 2015 年的 3.9 亿元增长到 2017 年的 7.25 亿元，原因何在？

通过阅读 2017 年的年报，很快得出答案。其原因在于产品结构的变化，年报中有描述：2017 年实现汽车销售 40.4 万辆，同比新增 6.57%，但 SUV 实现销售 18.86 万辆，较 2016 年新增 117.46%，而其他车型实现销售 21.55 万辆，较 2016 年同期下降 26.32%，而 SUV 客单价高，毛利润高，因此在车辆销售数量没有大幅增长的情况下，整体毛利率提升了 2.73%，净利润提升了 41.14% 也就可以理解了。

小康股份即使高速增长，也仅是在中低端燃油车取得了突破，并没有改变其仍然是国内一个依靠东风汽车的生产资质和品牌的公司，更不用和上海汽车等巨型车企相比了。

但令人期待的是，小康股份在通过自己的努力，打造中高端的智能电动汽车，一旦成功，就可以进入一个目前尚无车企涉足的领域，即超高性价比的符合国内中产阶级消费的智能电动汽车。因此，虽然当期对小康股份不会进入深度分析，但可以一直保持适度跟踪，随时掌握其基本面的变化情况。

7. 再升科技

再来看看再升科技的问题，再升科技的 ROE 在 2015 年开始下降，2016 年下滑幅度较大。通过阅读两年的年报，发现原因在于募投资金尚未产生效益。再升科技在上市的时候总资产和净资产均较低。2014 年总资产和净资产分别为 2.58 亿元和 1.97 亿元；2015 年上市后，募集了部分资金，总资产和净资产分别为 4.46 亿元和 3.44 亿元；2016 年实施了定增，募集了大量资金，总资产和净资产分别为 13.53 亿元和 11.10 亿元。而对于制造型企业来说，募集资金到产能落地需要至少两年的时间，而再升科技因为上市前体量较小，募集了大笔资金后突然净资产增加数倍而产能暂时没有跟上，ROE 阶段性降低是必然的。

再来看第二个问题，即经营性现金流突然变差的问题，我们可以看出来是在 2017 年该项指标突然变差的，是再升科技的经营情况出了问题吗？通过阅读年报，可以看出再升科技在 2017 年实施了一个重大的并购，即 4.4 亿元全资并购从事工业厂房空气治理的企业悠远环境，而悠远环境的下游为京东方、富士康、华星光电等液晶面板大企业，从商业模式上来说，前期会进行垫款，下游按进度付款，同时悠远环境和再升科技的营收体量差不多，在并购初期，如果不是在收款周期，会造成经营性现金流的阶段性失真。

综上，通过三轮筛选，从 48 家重庆的上市公司中，筛选出了 3 家符合我们要求的公司来。那么，写到这里，估计你会有一个疑问，是不是这三家公司就是值得买的好公司呢？

NO！NO！NO！上述三轮筛选，只是筛选阶段，并且也只是证明了这三家公司历史数据不错，但我们投资是投未来，公司的未来好那么其股价才会好，我们只是结束了筛选阶段而已。下面，我将通过各种维度，对公司的历史、行业、产品、商业模式、护城河、管理层等各方面进行研究。只有通过这样的笨办法，才能真正地慢慢地看透一家企业的过去、现在和未来。

以涪陵榨菜和再升科技为例，来分析一家公司的基本面，所分析的资料主要来源于以下渠道：公司网站、行业网站、招股说明书、券商研报及历史公告、年报等，对于上市比较久远的企业，重点研究近 3 年的年报。

2.6 系统分析公司基本面的框架

投资最难的地方在于我们只能掌握历史数据，但我们投资却是投未来，所以我们必须通过缜密的分析，通过历史洞见未来。因为未来不可知，所以无论如何都不可能做到百分之百的正确，这一点我们必须要有深刻的认知，在投资的战略上，我们一定是不能出差错的，但必须要容忍由于自己在某些战术上的失误而造成的局部性亏损。提升我们判断正确率的唯一方法就是更深的研究，更深的研究带来的只是更加准确的确定性，而确定性是我们能够坚信自己判断的依据。

在我的分析模式中，把重点放在了对公司的行业天花板、商业模式、

A股价值成长投资之路

护城河、未来发展战略、中短期战略目标实现、企业实现的可能性等进行分析，最终来判断企业是不是一家具有核心竞争力的值钱的好企业。

1. 行业成长天花板

行业成长天花板是指一个企业当发展到一定程度后，市场占有率占了绝大份额，达到一定的饱和甚至垄断，市场的再拓展出现难度了，再没有太大的空间往上开发了。

行业的天花板又分成三类情况，一类是已经到达天花板，一类是打破原有的天花板，新的天花板尚未形成，还有一类是天花板尚未形成。

对于已经到达天花板的行业，那么市场蛋糕已经没有可想象的空间。例如现在的汽车整车制造行业，已经进入了存量博弈阶段，只有不断地侵蚀别人的市场空间，才能扩大自己的市场份额，有自己增长的机会。一般在这种情况下，行业就进入了洗牌阶段，强者恒强，最终剩下几个巨头。

在遇到行业天花板的时候，如何来破解这个天花板呢？唯有创新。这个创新包含了技术的创新，也包含了商业模式的创新，可以纵向打破自己的天花板，也可以横向打破自己的天花板。例如，美团本来是做团购的，但依托自己巨量的客户群，不断地向旅游、住宿、外卖，甚至打车领域拓展，就打破了自己的行业天花板。

最后一类就是市场天花板尚未形成的，例如现在的新能源智能汽车行业，就是一片竞争的蓝海，哪家汽车整车制造行业能在技术上或者产品上具备一定的领先性，就可以获得极高的市场占有率。

2. 商业模式

商业模式即企业赚钱的模式，企业是如何来赚钱的，凭什么赚钱。研究商业模式的意义，无非就是判断是不是一个好生意。有些商业模式天生就是贵族，很好赚钱，而有些商业模式就很苦，赚的就是苦力钱。

举个简单的例子，同为电商领域，阿里巴巴做的是平台模式，即阿里巴巴提供平台，供应商到平台来卖货，卖完之后，阿里巴巴分一点成，而京东则是采取自营模式，货物是京东通过向上游采购，下游卖出，从而赚取差价。且不说这两类模式的好坏，但两种模式的巨大差异导致了经营对资金的需求是完全不同的，一个是轻资产模式，一个是重资产模式。

再如同为销售衣服的李宁和南极电商。李宁是自己开店自己卖，体现在报表上就是资产巨大，销售金额巨大（销售衣服的收入），但净利润低；南极电商就是品牌授权，体现在报表上就是资产很少，销售金额少（品牌授权费收入），但净利润极高。这就是商业模式的不同。

3. 护城河

什么是护城河？简单来说护城河就是让公司有相对同行业公司竞争优势能够轻松获得利润，并且最重要的是可以抵挡同行业其他公司的竞争。护城河最重要的特质是它们可能持续多年的企业结构性特质，这不是竞争对手可以轻易模仿的。护城河其实说到底就是之前说过的产品具有巨大的差异化，其他企业很难来替代。

例如，贵州茅台的护城河就是多年以来积累的品牌效应和原产地优势。国家层面定义的国酒和仅能在赤水河沿岸进行酿造的天然壁垒，形成了贵州茅台无与伦比的极宽的护城河。再如苹果公司，闭环的 IOS 系统和苹果应用商店，就是其护城河，极其流畅的系统和丰富的应用软件，形成了用户极佳的体验感。

未来发展战略：研究企业的长期成长性，通过对公司未来发展战略的分析和研究，结合到行业和企业的情况，预估未来公司的发展情况。因为投资是投未来，所以成长性分析就很重要。其中，长期的成长性主要看公司的战略，公司的战略决定了企业成长的天花板；短期的成长性，就要分析企业目前的一些具体措施，在短期实现业绩成长的可能性，包括具体的项目情况、产能落地规划、产品销售价格变动趋势等。

例如，万科提出来要抛弃房地产，其实并不是说它不做房地产了，而是试图转变仅依靠卖房子赚钱的商业模式，转而作为居民生活的服务商。因为万科应该发现仅靠销售住房具有很大的局限性，一是这是一次性买卖，二是房地产整个行业是具有天花板的，但居民的生活却是一辈子的，一直会有持续的花销。这个战略应该是极富远见的，可以支撑万科持续的成长，但能不能成长就要看万科具体的动作。

而短期的业绩，就要看具体的项目情况，即产能落地的情况，什么时候能做哪些项目？产能有多少？大概可以给公司增加多少业绩，预计在产能释放周期的行业情况怎么样？产品价格会不会大涨大跌等，这些都是需要深入研究的点。

综上，深入分析一家公司其实真的挺难，能看透企业真正的情况很不容易。但我们通过公开资料综合而又系统的分析，还是可以基本看出企业的发展情况的，虽然踩雷的可能性仍然有，但至少避免了我们在投资的战略方面是不会出现问题的，而某些局部性的战术小失误在投资中是难免的，但不会影响我们的整体判断。

2.7　通过公开资料深入分析个股基本面案例——涪陵榨菜

2.7.1　行业成长天花板

1. 公司基本情况

涪陵榨菜前身系 1951 年成立的川东军区榨菜厂，1988 年经原涪陵市人民政府批准成立了四川省涪陵榨菜集团公司，2008 年改制成立股份有限公司，2010 年于深交所中小板上市。公司主营聚焦榨菜、泡菜等佐餐开胃菜领域的研制、生产和销售，涵盖榨菜系列、泡菜系列、海带丝系列、萝卜干系列等 5 个产品组，主导明星产品为乌江榨菜、惠通泡菜等，目前是全国最大的榨菜生产销售企业。

涪陵榨菜由重庆国资委控股，并通过国资委投资经营集团有限公司持有涪陵榨菜 39.65% 的股份。公司第二、第三大股东分别是北京第一建筑工程有限公司和东兆长泰集团，其中北京一建是东兆长泰的控股子公司，近两年北京一建和东兆长泰通过减持，持有公司股权比例不断下降。

和其他国有企业不同的是，涪陵榨菜高管基本都持有公司的股票，其中董事长周斌全持股 1325 万股，实现了高管团队与公司利益的绑定。

公司营收和净利率从 2015 年开始起快速增长，逐年加速。2015 年实现营收 9.31 亿元，同比增长 2.67%，净利润 1.57 亿元，同比增长 19.23%；2016 年实现营收 11.21 亿元，同比增长 20.43%，净利润 2.57 亿元，同比增长 63.46%；2017 年实现营收 15.20 亿元，同比增长 35.64%，净利润 4.14 亿元，同比增长 61%；2018 年 3 季度实现营收 15.45 亿元，同比增长 25.94%，净利润 5.23 亿元，同比增长 72.16%。

从上述可以得出两个结论，一是这是一家很特别的国企，因为其管理层持有大量的股票，同时公司实行市场化运作，董事长周斌全自 2000 年开始在涪陵榨菜工作以来，已经任职董事长 18 年了，这在国有企业里面相当罕见，说明当地政府对其相当信任。18 年里，周斌全将涪陵榨菜这家当初年营收仅 1 亿元，亏损 500 万元的企业带到了深交所，又突破重重竞争，成为榨菜行业的王者。二是多年的积累终于造就了涪陵榨菜的成功，自 2010 年上市以来，涪陵榨菜有几年的蓄势期，业绩处于十分稳健的阶段，估值也很低，但事实上，这几年是涪陵榨菜适应上市公司身份、修炼内功阶段，而功夫一旦练成则势不可当，体现在报表上的就是营收和净利润持续的高增长。

在涪陵榨菜的发展历史中，有几个时间点很重要：一是 2000 年，周斌全任职涪陵榨菜，公司开始了涅槃重生之路；二是 2007 年，公司管理层持股获得了主管部门的同意，高管的利益与公司的利益一致；三是

2010 年上市，提前卡位，从此抛开了竞争对手；四是 2015 年开始，业绩开始爆发。

周斌全作为涪陵榨菜的掌舵人，在公司的成长中起到了关键的作用。简历如下：周斌全先生，涪陵榨菜董事长、总经理、党委书记；中国国籍，无永久境外居留权，1963 年生；中共党员；涪陵区人大常务委员，重庆市人大代表；硕士研究生学历，经济师；历任涪陵地委组织部干部科主任干事、政法委综治办主任、涪陵市政府流通体制改革办公室副主任、涪陵榨菜行业协会会长；涪陵建筑陶瓷股份有限公司上市公司任董事、副总经理等职务，2000 年加入本公司，一直担任本公司董事长兼总经理。可以看出，周斌全在加入涪陵榨菜之前，有两个职业经历值得深度关注，一是任职涪陵榨菜行业协会会长，因此必然对榨菜行业有异常深刻的认识，二是在上市公司涪陵建陶从事过高管工作，一方面锻炼了大型企业的管理能力，另一方面也具备了资本市场的思维。

2.行业情况

榨菜属于佐餐食品的行业，说得通俗一点就是下饭菜。榨菜属于半干态非发酵性咸菜，与法国酸黄瓜、德国甜酸甘蓝并称世界三大名腌菜。榨菜富含锌、胡萝卜素等多种维生素以及谷氨酸、天门冬氨酸等 17 种氨基酸。

从大的行业来说，下饭菜这个大行业虽然属于小众，但市场并不小，按照国人的餐饮习惯，一般来说，在吃正餐的时候拌着下饭菜已经成为一种饮食习惯，属于一种刚性需求，撑起了几百亿元的市场空间。按照分类来说，下饭菜又可分为酱菜、泡菜和榨菜等。

榨菜属于很特殊的一个细分行业，其原材料就是青菜头。青菜头独特的生长特性决定了其产地主要集中在重庆、浙江、四川、湖南、贵州等省份，尤以重庆、浙江最多。目前，全国青菜头种植面积约 125 万亩，主要分布在重庆和浙江。由于榨菜产品附加值较低，原材料占榨菜产品成本的比重较高，如榨菜加工企业远离榨菜原料盛产地，企业将负担较高的运输成本，其原材料成本大大增加，榨菜产品价格将在市场上失去竞争优势；并且，青菜头作为一种蔬菜，收获后如不及时进行加工处理，易腐烂变质。因此限制了榨菜原料盛产地外的榨菜加工企业的发展。从整个市场空间来看，这个细分市场处于缓慢增长阶段，多年来保持了 10% 以上的增长空间，按照行业协会的数据来看，目前整个榨菜市场的产值为 100 多亿元，涪陵榨菜作为行业第一的龙头，市场占比大约为 20%。

那么从未来来看，榨菜这个行业会不会因为人的消费习惯改变而减少或者消亡呢？或者是被酱菜和泡菜替代？由于目前社会上有一种言论称现代人对养生越来越重视，越来越倾向于淡盐，而榨菜则主要依靠盐进行腌制，但经过仔细分析，其实这种担忧是多余的。

榨菜可分为个人消费和餐饮消费，在个人消费中，榨菜最基本的消费场景是下饭和就馒头吃等，前些年农民工南下广州打工，在华南地区带动了榨菜的消费热潮；还有部分是中国饮食的消费习惯。近些年来，榨菜的消费场景得以不断拓宽，从下饭菜向做菜、煲汤等新的领域拓展。例如涪陵榨菜公司，近年来也研发出了脆口系列的淡盐榨菜，口感比传统榨菜好很多，产品面世后供不应求。随着榨菜口味的创新和改良，目前榨菜也在向休闲食品领域发展。榨菜可拓展的空间较广，未来其规模也有较大增长空间。

同时，公司榨菜口味涵盖甜酸、清淡嫩爽、酱香、香辣、酸辣等，其中甜酸符合华南口味需求，清淡嫩爽符合华东口味需求，酱香迎合华北口味需求，酸辣适合西南地区的口味偏好。榨菜单项业务实现产品口味差异化，迎合南北方饮食习惯，有利于整体市场占有率的提升和市场范围的扩大。同时，在产品价位上，推出了高端系列，包括五年陈香、坛装榨菜等礼盒包装。

个人消费习惯和消费场景的扩大，这个行业在能看到的未来，是不会有问题的。

另外，由于腌制品具有操作方法简单、制作原料易得以及对制作工具要求低等特点，手工小作坊一直无法杜绝，就是说榨菜进入的门槛其实很低。但手工小作坊在材料质量、菌种控制以及消毒等方面均不能有效控制，因此，随着消费者收入水平提高，消费升级，以及对品牌和品质重视度的提高，将迫使不规范的小企业退出；随着食品安全监管制度趋严，传统手工坊产品大多无法满足监管要求，未来将逐步被取缔。未来小包装替代散装将成为行业大趋势，目前从销售量来看，小包装榨菜和散装榨菜的比例约为 1.5 ∶ 1，未来该比例将进一步提高。

另外，随着商超、便利店、电商等新的消费渠道的发展，散装榨菜因卫生标准和品牌因素，难以进入商超等大规模流通，从而逐步退出市场，小包装榨菜的销售受益。

因此，通过上述资料的收集，我们可以得出一个比较清晰的结论：榨菜这个行业市场蛋糕稳步上升，而且随着消费升级和品类升级形成的消费场景扩大化，这个行业是没有问题的。

3. 竞争对手情况

从现在的情况来看，涪陵榨菜已经牢牢占据了行业第一的位置，将其他竞争对手远远地抛在了后面，在市场上形成了乌江榨菜（涪陵榨菜的具体品牌）和其他榨菜的认知。

榨菜市场的竞争是低端散装榨菜和品牌榨菜之间的竞争。这点在行业分析这块已经有所描述，随着消费升级，散装榨菜是没有办法和品牌榨菜进行竞争的，从我们自身的消费习惯来看，在食品安全时代，人们越来越不愿意去农贸市场买散装的榨菜。下面就重点来分析品牌榨菜之间的竞争。

涪陵榨菜的主要竞争企业有以下几家：辣妹子、鱼泉、铜钱桥、备得福等，这四家企业均非上市公司。

这四家企业是否有挑战涪陵榨菜的可能性呢？从目前能看到的情况来看，这种可能性极小。

从体量上来看，上述四家企业已经不是涪陵榨菜的对手，虽然不是上市公司，但通过行业网站，可以查询到大概的经营数据。

辣妹子：位于重庆涪陵区，销售市场以南京、九江、柳州等为主，销售规模不会超过 2.5 万吨。

鱼泉：位于重庆市万州区，主要销售"鱼泉"牌榨菜、萝卜、竹笋、魔芋、雪菜等产品，销售市场以成都、北京为主，销售规模不会超过 2 万吨。

铜钱桥：年销售规模为 3 亿多元，主要销售区域为北方市场，销售规模不会超过 5 万吨。

备得福：为浙江余姚市企业，主要销售小包装榨菜、泡菜，重点销售区域也为北方市场，销售规模不会超过 2.5 万吨。

再从战略和布局上来看，这四家企业也难以挑战涪陵榨菜行业第一的位置。公司的产品要销售得出去，除了产品本身的口感得到消费者的认可和多年积累下来的品牌外，渠道的搭建尤为重要。

涪陵榨菜公司是目前榨菜行业唯一一家全国布局的企业，在全国设立了八个大区，而其他四家均为区域性的企业。并且从调研资料来看，涪陵榨菜公司还在不断地加强渠道的建设，一是在原有经销商布局的省地级市场加强渠道渗透，加强了对农贸菜市场、流通终端、社区小店、交通口岸等渠道的建设，二是加强了网络的建设，公司近两年在不断地填补没有经销商的空白市场，包括在县级城市、乡镇加强网络布局，使产品能够到达终端实现销售。

所以在能够看得到的未来，涪陵榨菜公司保持对竞争对手数量级的领先是显而易见的。

2.7.2 商业模式

榨菜的商业模式很简单，向上游农户和合作社采购青菜头，然后自己加工生产，下游通过全国数千家经销商的各种渠道销售到终端消费者。

向上游，涪陵榨菜主要向当地农户和合作社采购青菜头，公司采用了"公司 + 基地 + 农户"的模式，其原因是既保证了货源的供应，也锁定利益，一方面保证了农民的收益，从而使其具备种植的积极性，另一方面也可以锁定自身的成本。

该模式中榨菜加工企业居主导地位，基地一般由公司与相关村社、合作经济组织或团体组成，公司和相关方签订产销协议，确定购销合作关系，相关各方主要负责带动农户种植青菜头，亦有通过租赁、承包等方式取得土地使用权而进行青菜头种植。公司提供种子、化肥等生产资料，并在种植、田间管理、采收等过程进行技术指导，农户只负责种植及日常管理。

同时，公司还和部分大型种植户和原料加工户建立合作关系，通过签订协议约定收购青菜头及粗加工品的数量和品质，以带动农户的种植积极性和提高青菜头粗加工能力，使农户获得更多利益。采用此种模式，企业节省了购销流通中的成本费用，而且确保了农产品原材料的品质。

这种模式重视产业链内部分工，易形成良好的利益协同关系，且企业不需向种植环节过多投入，而专注于核心能力（生产技术、新产品开发、销售网络和品牌）的培育。在该模式下，为了保证农民的利益，基本采取了现款现货的模式，略有一点预付账款。从 2017 年的年报来看，预付账款 1057 万元，应付账款 10951 万元，不及一个月的营收。

向下游，采用先款后货的模式，从财务报表中就可以看得出来，应收账款仅仅 168 万元，几乎可以忽略不计，收到款后再发货。另外还有预收账款的数据，高达 23791 万元，这部分款项就是下游经销商先打过来的货款，放在涪陵榨菜账户上的，对于涪陵榨菜来说，这就是一笔无息负债，显示了对下游的强势。并且，下游通过经销商的模式节省了涪陵榨菜大笔的推广费用。一般来说，进入超市等终端渠道，由于终端渠道相对强势，需要自己聘请人，需要垫款垫货，这就需要一大笔钱来运作。而把终端利润出让给经销商后，就省了一大笔钱，并且还可以收到预收账款，无偿占用经销商的钱，体现在报表中就是经营性现金流特别好。因此，何乐而不为呢？

从 2018 年的 1 季报和半年报来看，相比以前有一些略为不同的地方。2018 年 1 季报，经营性现金流为 −4927 万元，而 2017 年的同期为 6763 万元，这是不是代表了涪陵榨菜这家公司的商业模式发生了变化呢？在产业链中不具备话语权了？非也！仔细查询行业网站及跟踪公司信息，可以得出结论。

其原因在于公司在青菜头收获季节囤积了大量的原材料。榨菜原料青菜头属于一年一季的农作物，播种期一般在 9 月份，10 月份移栽，12 月份至次年 1 月份进入生长期，此时的气温平均为 4—8 度，适宜于青菜头的生长，在次年的 2 月份收获。

青菜头收获后，经一定工艺加工后可进行长时间的储存。而涪陵榨菜公司正好在 2017 年修建好了 30 万吨的原材料窖池，再加上 2018 年青菜头大丰收，原材料价格下跌了 30%，正好可以大量采购储备。从财务数据来看，也是如此，在 2018 年的 1 季报中，存货 3.44 亿元，较 2017 年同期增长 1 亿元有余，而在现金流量表明细中，购买商品、接受劳务支付的现金为 3.36 亿元，较去年同期增长了 1.2 亿元。

同时，公司没有一分钱的银行借款，现金流非常好。

2.7.3 护城河

护城河是一家企业保持竞争优势的壁垒，我们投资就是要投有极宽护城河的企业。而涪陵榨菜公司的护城河是什么呢?

显然,多年来塑造的民族品牌而形成的提价权是涪陵榨菜公司最宽的护城河。从目前来看,只要说到榨菜就想到涪陵榨菜,说到榨菜就想起乌江牌榨菜,这种观念已经在消费者中形成了很牢固的认知。但涪陵榨菜公司的乌江牌榨菜,在十几年前却并不是这样知名,反而差点被颠覆掉,我们就来复盘乌江牌榨菜是如何在消费者中树立起来的。

第一步就是创新传统工艺之路。在2000年之前,涪陵榨菜公司仅是一家产值亿元规模,亏损500万元左右的国有企业,属于即将被淘汰的范畴,在工艺上采用传统工艺,生产效率低下且越来越不符合现代人的消费习惯。周斌全上任之初就改变生产模式,把传统的人工制作现代化的流水线,榨菜腌制、淘洗、切分、脱盐、脱水、拌料、包装、灭菌、装箱入库等全部实现工业化。依靠三峡库区迁建得来的1.4亿元资金,花巨资引进德国全自动化生产线,实现了产品的标准化生产。

第二步就是打品牌。优质的产品生产出来了,但要卖得动,还需要提升消费者的认知,打破销售的瓶颈,塑造品牌让消费者心甘情愿掏钱买,从而把蛋糕越做越大。涪陵榨菜公司选择了上央视打广告的办法,而且是在最贵的时间段即新闻联播之后,在公司营收还只有几亿元的时候,花费几千万元在央视打广告。我们应该还有印象,新闻联播之后总会出现这样的电视画面——"皇帝专业户"张铁林拿着一包乌江榨菜,用惯用的皇帝腔慢慢道来:"乌江榨菜,我爷爷的爷爷都说好!"虽然这个广告引起了很多非议,但无论如何,对于涪陵榨菜而言,当年名不见经传的小品牌,如今已举国皆知。

第三步是持续创新。消费者的口味和消费习惯是随着时代的变化而变化的。目前,涪陵榨菜产品的创新在发酵技术的研究创新和产品的低盐化、休闲化方面发展。这几年公司推出的脆口低盐系列的榨菜品种供不应求,这种类型的榨菜颠覆了我对榨菜的认知。脆口系列有两大特点:一是脆口榨菜主要选用青菜头的菜心部位，口感脆嫩，组织紧密，相对于其他同类榨菜丝，纤维感弱，口味微甜；二是盐度含量仅为普通榨菜的80%，但由于推出时相对同类价格较高，不适应当时市场消费能力，脆口系列市场初期未打开。近年来，消费升级下消费者开始追求高品质产品，同时在普通榨菜涨价趋势下脆口系列的性价比优势更明显，脆口榨菜销售开始放量上涨，近两三年实现了爆发式增长，是带动公司销售增长的主要因素。

综上，经过了上述步骤，涪陵榨菜公司成功地在消费者心目中打造了乌江牌榨菜的品牌，形成了涪陵榨菜乌江牌和其他榨菜的认知，拥有了商品的提价权和产业链中的核心地位，拥有提价权的定义标准即提价后销量不降反增。

从2015年开始，涪陵榨菜公司进入了商品提价的周期，通过直接提价和更换包装重量和品种的形式提价，迎来了业绩爆发周期。再总结下，提价并未造成销量下降，原因在于：

一是榨菜的绝对价格水平较低，随着人们收入提升，消费能力增强，消费者对小额价格浮动没有太大的敏感性；

二是榨菜的消费黏性较强，榨菜消费者具有较强的消费习惯驱动力，偏好榨菜口味的消费者在榨菜涨价幅度的一定范围内很难找到适合的替代品；

三是随着消费者品牌消费意识的提高，即使涪陵榨菜提价，消费者也愿意消费有品牌、质量保障高的产品。

产业链的核心地位的标志即可以无偿占用上下游的资金，这点在商业模式一节已经阐述。

2.7.4 未来发展前景

1. 未来战略

从公司2017年的年报描述来看，公司未来的战略如下：立足榨菜，

A股价值成长投资之路

打造强势品牌，做强榨菜产业，依托榨菜产业创造的品牌、市场、技术、资本、人才及管理优势，利用兼并、收购或联营（贴牌加工）等扩张手段在佐餐开味菜行业的优势产业和关联产业去发展，通过资本扩张把企业做大。并且，已经提出了百亿乌江的计划，即销售收入突破百亿元。

可见，公司已经不满足只做榨菜行业的龙头企业了，而是要做佐餐开味菜行业的领头兵。

我们来分析模拟下实现百亿营收的路径。

先看整体的销售规模。2016年，实现营收11.21亿元，其中榨菜品类9.86亿元，占比87.93%，泡菜及其他开胃菜1.35亿元，占比12.07%；2017年，实现营收15.20亿元，其中榨菜品类12.84亿元，占比84.48%，泡菜及开胃菜2.36亿元，占比15.52%；2018年上半年，实现营收10.64亿元，其中榨菜品类8.95亿元，占比84.12%，泡菜及开胃菜1.67亿元，占比15.88%。因此，我们可以看出来这样一个趋势，榨菜品类仍然占绝对主导地位，但占比在缓慢地下降。这体现了公司要把非榨菜业务作为一个重点来抓的战略意图。为什么要这样做？

因为，只靠榨菜的业务，要做到百亿营收，几乎是不可能的。因此，必须借着榨菜打下的品牌和渠道，逐步介入其他佐餐小食的领域，才有可能逐步达到百亿营收的战略目标。从目前的行业研究报告来看，榨菜就是佐餐小食行业中的小行业，市场规模远小于泡菜和酱菜，初步估计也就100亿元左右的规模，虽然涪陵榨菜在不断扩大在榨菜领域的市场占有率，但这毕竟是有上限的，个人预测涪陵榨菜最终能够达到的上限为整个行业的40%。

泡菜、酱菜等行业就不一样了，市场规模数倍于榨菜，如果能够慢慢进入这两个行业，无疑，市场空间就打开了。

所以我们看到了榨菜最近几年在两条腿走路，在继续大力发展榨菜品类、巩固在榨菜行业地位的同时，也在积极地寻找进入泡菜和酱菜的机会。涪陵榨菜公司有成熟的佐餐小食管理经验、搭建现代化工厂成生产线的经验和成熟的经销商体系，因此进入其他佐餐小食领域，会是 1+1 > 2 的结果。

在榨菜领域，继续扩大领先优势，产能提升 + 持续提价，我认为远期能获得超过 50 亿元的营收规模（2018 年预计接近 20 亿元），剩下的就只有靠其他佐餐小食。

这几年涪陵榨菜公司一直试图以并购的形式进入泡菜和酱菜领域，然而通过公开信息查询到的拟并购四次却只成功一次，说明并购也不是这么容易的，并购后的整合更是考验管理层管理能力。2015 年，涪陵榨菜收购惠通食业 100% 的股权，对价 12920 万元。涪陵收购惠通，一方面拓宽公司产品种类，为后续增长寻求持续动力，另一方面迈出了公司整合国内酱腌菜市场第一步。2016 年公司泡菜销售额达 5581 万元，2017 年泡菜实现收入 12322 万元，同比增长 44.98%，未来将成为涪陵的主要增长力之一。

所以要相信公司能够在远期实现百亿营收目标的同时也要仔细跟踪落实实现的可能性，边走边看。

在目前能看到的新增点中，一是在辽宁建设的年产 5 万吨泡菜生产基地建设项目，二是 1.6 万吨脆口系列榨菜建设项目，三是 5.3 万吨普通榨菜建设项目。上述三个项目均将在 2019 年建成，一旦全部达产和实现销售，将会给公司增加十几亿元的营收和几亿元的净利润。在销售端，从目前来看，是不用太担心的，因此在 2020 年是可以期待 40 亿元的营收和十几亿元的净利润的。

其余的，只有边走边看了。

2. 潜在的风险点

（1）**食品安全**。对于食品制造行业，食品安全问题是重中之重和最大的不可预知的风险点。食品制造业是国家推行各项食品安全标准和食品质量检验的重点行业之一，消费者及政府对食品安全的重视程度也越来越高。如果本公司生产中发生食品安全事件，将对公司造成重大影响；如果榨菜行业其他公司或者其他食品企业发生食品安全事件，也会对本公司造成影响。

（2）**原材料的供应。**榨菜的原材料就是青菜头，青菜头到处都可以种，但是只有以涪陵为中心的很小一片地区种植出来的青菜头，口感才是最好的。而其他地区的青菜头，无论如何种植，都没有涪陵产的青菜头有如此的口感。这就和茅台是同一道理，因为只有在贵州茅台镇才能酿出纯正的酱香酒，其他地方无论如何都复制不了。据现代药理学和美国临床营养学研究证明，涪陵青菜头这种独特的味道和神奇的功效源自"涪陵青菜头富含的芥子苷"。而这种芥子苷，只能在特殊的土壤和水质环境、气候中孕育出来，产区面积很小，主要在重庆市丰都县的高家镇，至重庆巴南区木洞镇附近200公里长江沿岸地带，其中涪陵系中心主产区，涪陵地区青菜头占全国的43.20%。因此，其原材料具有不可复制性！而原材料每年价格的波动，以及每年的收成却具有不可预知性，如果某年天灾造成减产或者口感不好，将会影响到公司的业绩。

（3）**并购。**从涪陵榨菜这几年拟并购的4个项目只成功了1个就能看出并购实现业务拓展的艰难的程度。并购的难度在于两方面：一是并购的标的的价格，这是与出售方博弈的结果，到底什么价格才是一个合理公允的价格，才符合资本市场的预期，符合公司的中长期发展战略，需要管理层的智慧；二是并购后的整合，因为并购是一家公司融入另外一家公司文化的过程，整合过程中会出现很多的问题，如何快速达到最优，也需要管理层的智慧和能力，一旦整合不及预期，并购形成的巨大商誉将会对业绩形成较大的冲击。

小结：通过大量反复阅读各类资料，梳理了涪陵榨菜基本面的逻辑，初步可以看出这家公司是值得长期跟踪和关注的企业。

2.8　通过公开资料深入分析个股基本面案例——再升科技

2.8.1　行业成长天花板

1. 公司的基本情况

再升科技由自然人郭茂于 2007 年出资设立，初始注册资本为 100 万元。2010 年，注册资本增至 3000 万元，公司类型由一人有限责任公司变更为有限责任公司，新增 8 名股东。2011 年 3 月 23 日，经股东会决议，再升科技发展整体变更为股份公司。

再升科技于 2015 年 1 月在上海上市，公开发行股份 1700 万股，募集资金 1 亿元。再升科技于 2016 年 5 月非公开发行股票 2592.33 万股，募集资金 7.5 亿元；2018 年发行可转债，募集资金 1.14 亿元。再升科技公司主要产品为玻璃纤维过滤纸和 VIP 芯材及保温材料，2017 年新增空气净化设备，是全球最大的空气过滤厂商之一，也是国内首批生产 VIP 保温材料的企业。

2015 年，公司相继出资成立重庆纤维研究设计院，与松下电器合办联营企业松下新材料，加快向制成品产业的迈进。2016 年，公司公布"再升科技干净空气"商标，意在占领空气领域制高点，打造行业龙头品牌，并相继收购重庆造纸工业研究设计院和入股中山鑫创保温，进一步整合行业技术、人才。

2017 年，公司提出"世界再升"的发展规划，成立了北京再升干净空气有限公司，进一步拓展了公司的业务领域，实现了从工业到终端市场商用、民用领域的延伸，并在 2017 年 8 月份以 4.4 亿元的现金全资收购了悠远环境。

公司上市以来，营收和净利率快速增长，逐渐加速。2015 年实现营收 2.34 亿元，同比增长 9.46%，净利润 0.51 亿元，同比增长 39.71%；2016 年实现营收 3.20 亿元，同比增长 36.95%，净利润 0.81 亿元，同比增长 58.19%；2017 年实现营收 6.40 亿元，同比增长 99.96%，净利润 1.14 亿元，同比增长 40.52%；2018 年 1 季度实现营收 2.22 亿元，同比增长 145.53%，净利润 0.32 亿元，同比增长 83.66%。

郭茂为公司的控股股东、实际控制人，任职公司董事长兼总经理，持股占公司总流通股份的 44.75%。法人股东上海广岑投资中心为公司第二大股东，持股占公司总流通股份的 6.39%，前十名股东中其余股东持股均占比在 5% 以下。

在子公司方面，公司拥有再升净化、再盛德、宣汉正原和重庆造纸工业研究设计院和苏州悠远环境五家二级全资子公司。

从上述资料来看，再升科技的发展可谓奇迹，2007 年一家注册资金仅 100 万元的民营企业，在成立仅 4 年后就进行了股份制改造，可见公司发展初期就志向远大，志在资本市场，并且在成立不到 8 年的时间里就登陆了资本市场，并且还是在沪市。说实话，再升科技登陆资本市场后，我非常惊讶，为什么？因为再升科技上市的时候规模实在是太小了，营收刚过 2 亿元，净利润刚过 3000 万元，可见证监会发审委还是很看好这家公司的。并且上市之后，得到了资本市场的助力，公司飞速成长。

郭茂是再升科技的创始人和灵魂人物。从他的简历来看，是一位具有技术背景的创始人。简介如下：郭茂先生，中国国籍，无境外永久居留权，1970 年出生，工商管理硕士，中共党员。曾任江北化肥劳资科副科长，嘉陵玻纤董事、总经理（期间曾任重庆长江特种造纸厂厂长），再升发展董事长、总经理。现任公司董事长兼总经理，再盛德执行董事、经理。郭茂在玻璃纤维滤纸、VIP 芯材等方面拥有技术专长。可见，郭茂在 37 岁的时候开始创业，天时地利人和，一是正处于精力最充沛的年龄段，二是创业前已经有国有企业高管的管理经验，三是本身自身有技术背景和专长，熟悉业务和市场。因此，看完郭茂的简历后，对于再升能在创业 4 年的时候进行股改，不到 8 年即登陆资本市场，也就有据可依了。

其次就是再升科技上市的时间点非常好，即在 2015 年 1 月份，在杠杆牛市的前夕，既经历了股价被爆炒的行情，又经历了股价到谷底的行情，充分地认识到了资本市场的残酷。因此我们可以看到公司大股东对于股票质押是相当谨慎的，再升科技在资本市场上融资很顺利，为前后三轮融资总额接近 10 亿元，为后续发展做好了充分的储备。

2. 行业情况

再升科技所在的行业比较小众，非消费品，普通人不太可能接触得到再升科技的产品，因此在这里对其工艺做比较详细的介绍。

公司主要从事微纤玻璃棉及下游产品的研发、生产和销售，产品以玻璃纤维滤纸和真空绝热板芯材为主，2017 年新增空气净化设备。

玻璃纤维诞生于 20 世纪 30 年代，是一种以叶腊石、石英砂、石灰石、白云石、硼钙石、硼镁石等主要矿物原料和硼酸、纯碱等化工原料生产的无机非金属材料，单丝的直径从几微米到二十几微米，每束纤维原丝都由数千根单丝组成，具有质量轻、强度高、耐高 / 低温、耐腐蚀、隔热、阻燃、吸音、电绝缘等优异性能，是一种优良的功能材料和结构材料。

玻璃纤维按形态和长度划分，可分为连续纤维、定长纤维和玻璃棉。连续纤维是以机械拉丝方法拉制的无限长的纤维，通称长纤维；定长纤维是通过辊筒或气流制成的非连续纤维；玻璃棉是借离心力或高速气流制成的细、短、絮状纤维，其中，平均纤维直径不大于 3.5 微米的玻璃棉为微纤维玻璃棉，而再升科技属于生产微纤维玻璃棉的企业。

在国内，生产玻璃纤维的企业不少，包括中国巨石、泰山玻纤等，但再升科技与这些巨型企业的生产产品完全不同，中国巨石、泰山玻纤生产的是普通玻纤，再升科技与上述巨头并不是竞争对手。

微纤维玻璃棉制品则应用于分离、洁净和高端节能保温领域，主要用来生产高比表面积电池隔膜（AGM 隔板）、玻璃纤维滤纸和真空绝热板芯材（VIP 芯材）。微纤维玻璃棉制备工艺主要分为火焰喷吹法和离心法，借高速气流或离心力制成细、短、絮状纤维。

目前，微纤维玻璃棉的生产工艺以火焰喷吹法为主，离心法为辅，1 微米以下的微纤维玻璃棉基本只能通过火焰喷吹法生产。火焰喷吹法主要以天然气或者焦炉气作为生产能源，天然气费用一般占微纤维玻璃棉总成本的 45%~50%，生产成本较高。离心法以电作为生产能源，生产成本相对较低。

按具体应用划分，目前微纤维玻璃棉主要应用于**生产玻璃纤维滤纸、真空绝热板芯材、AGM 隔板**等下游产品，上述也是再升科技目前的主要产品。

玻璃纤维滤纸方面，采用微细玻璃纤维滤纸制作为过滤介质的空气过滤器，可对空气中 0.1~0.2 微米粒径的粒子实现有效过滤，从而达到提供生产环境所必需洁净度、净化雾霾等目的。国内玻璃纤维滤纸行业起步比较晚。2000 年以来，我国电子、医疗、制药、食品、核电、军工等行业的快速发展，拉动了过滤器行业的发展，国内市场对玻璃纤维滤纸的需求迅速上升。根据中国技术市场协会过滤与分离专业委员会的市场统计分析，我国玻璃纤维滤纸的市场需求年均复合增长率达 40%。未来玻璃纤维滤纸的增长主要在三方面：一是国内先进制造业的发展拉动玻璃纤维滤纸需求增长。行业对产品的精度和纯度要求较高，需要在洁净度较高的生产环境中生产，因此，在工程项目投资中，洁净度投资往往占据一定的比例。二是新版药品 GMP 论证的实施为玻璃纤维滤纸带来新的需求。从新版药品 GMP 认证的修订内容来看，本次新版药品 GMP 标准的制定按对无菌药品生产的洁净度级别提出了非常具体的要求。三是国内空气质量标准的提高将为玻璃纤维滤纸行业带来新的发展机遇。玻璃纤维滤纸对 2.5 微米以下颗粒的过滤效率较高，随着环境空气质量新标准的实施，玻璃纤维滤纸行业将面临新的发展机遇。

真空绝热板芯材方面，结合真空绝热和微孔绝热 2 种方法制备的真空绝热板的芯材，其绝热性能是同等厚度传统绝热材料（聚氨酯泡沫板为代表）的 10 倍，这意味着可使产品节能、环保性能显著提高，真空绝热板最初使用在航空航天和军事等领域，防止飞机、导弹在冷热条件下产生失控。目前，真空绝热板已开始应用于冰箱、冰柜、船舶、公路和空中冷藏运输等民用领域。其中，冰箱、冰柜行业是真空绝热板未来应用最大的领域。芯材作为真空绝热板的核心部件之一，其重量约占真空绝热板总重量的 75%。

未来真空绝热板芯材的增长点在于，一是强制性节能环保政策促进真空绝热板芯材市场的发展。在能源紧缺与环境污染已成为全球关注的背景下，越来越多的国家陆续推出了强制性的节能环保政策以刺激节能环保类产品的发展，以真空绝热板作为冰箱和冷柜的保温材料是有效提高冰箱、冷柜能效的手段；二是含氢氯氟烃的硬质聚氨酯泡沫面临淘汰将拉动真空绝热板芯材的需求。真空绝热板芯材作为保温材料，拥有比硬质聚氨酯泡沫材料更好的保温性能，且节能环保，能够有效地替代硬质聚氨酯泡沫材料，应用于保温要求较高的领域；三是技术进步降低了真空绝热板的产品价格，促进了真空绝热板的推广应用。虽然真空绝热板导热系数低且不含破坏臭氧层的物质，但是前些年，真空绝热板在冰箱上的应用还不够广泛，其中主要原因就是价格因素。目前，真空绝热板的市场价格已经降到 100 元 / 平方米以下，这大大降低了真空绝热板的使用成本，而再升科技在近年来掌握干法工艺后，进一步将成本做低，将有效促进家电企业使用真空绝热板作为保温材料。

AGM 隔板是再升科技近年来新开发的一款产品，这个产品是用于制造铅酸蓄电池隔膜的主要原材料之一，它的品质直接决定电池质量的好坏和寿命的长短。目前国内阀控式铅酸蓄电池最大的市场需求来自汽车启动电源，约占所有铅酸蓄电池市场需求总量的70%。玻璃微纤维制成的高比表面积电池隔膜具有防止短路、吸附所需的电解液并有氧气穿透的自由通道、使氧气可通过隔膜在负极上再化合成水、不需补充水、免维护等功能，是新一代环保型的主要材料。随着汽车行业、节能行业、蓄能行业的不断发展，其市场需求有望稳定增长。

上述三项产品是再升科技的主要商品，通过以上信息的收集，可以看出来，公司的产品应用领域广泛，属于节能环保行业中的朝阳产业，属于大行业中的小行业，虽然小行业的天花板不高，但如果企业有机会、有野心进入大行业范畴，则市场空间极大，属于好行业范畴。

同时，再升科技在上市之后，借助上市公司的平台，不断地横向和纵向进行延伸，打破行业天花板，这块内容我放在商业模式里面进行阐述。

3. 竞争对手情况

在竞争对手这块，由于行业细分，在国内从整个产业链来看，竞争对手不多，但在每个产品所在的领域，还是有竞争对手的。

玻璃纤维滤纸方面，由于专业性比较强，进入门槛比较高，目前很少有新的企业进入该行业，再升科技的竞争对手主要是一些国外的企业，主要包括美国的H&V、Lydall、芬兰的Ahlstrom、法国的Dumas、日本的Hokuetsu等，行业的竞争主要体现在现有主要企业在技术、品质、产能、快速满足市场需求能力及价格等方面的竞争。

国外竞争企业中，2005年，H&V公司在苏州建立玻纤过滤纸生产厂。Ahlstrom公司在中国上海成立了区域性公司——奥斯龙纸业上海有限公司。国内企业中，再升科技主要竞争对手主要是南京双威科技实业有限责任公司，是国内A股上市公司——中材科技股份有限公司的子公司，成立于 1994 年，目前主要从事电池隔板、玻璃纤维过滤材料、玻璃纤维绝热材料等产品的生产。再从公开资料来看，国外企业的滤纸价格基本处于 7 万 ~8 万元 / 吨的水平，而再升科技的滤纸均价为 5 万 ~6 万元，应该说是相当有竞争力的。而中材科技的主要方向在于传统玻纤，在微纤维方面并不是重心。国内第四名的重庆造纸研究院已经被再升并购，因此可以说在滤纸这个行业中，主要是几家企业的寡头竞争，再升科技在国内企业中，属于前两位的地位。

真空绝热板行业方面，这是一个较新的行业，生产企业较少。目前，世界上具有一定规模的专业真空绝热板芯材生产企业为数不多，主要分为四类。第一类是国外的一些大型家电企业，如东芝、松下、日立、LG 等大型知名家电品牌企业，其生产的真空绝热板及其芯材主要满足自身要求，同时，亦向其他真空绝热板和芯材生产企业采购真空绝热板和芯材。第二类为既生产真空绝热板又生产芯材的企业，如中国的福建赛特新材股份有限公司、苏州宏大方圆玻璃棉有限公司等。第三类专业生产真空绝热板的企业，包括美国的 DOUBLEDAY ACQUTSITIONS LLC（ACUTEMP）、德国的 Va-Q-Tek 和国内的滁州银兴电气有限公司、成都思摩纳米技术有限公司、广州市联合科技发展有限公司等。第四类是专业生产真空绝热板芯材的企业，如浙江兰良实业有限公司等。

真空绝热板芯材行业属于近年来新发展起来的细分行业，发展较晚、行业整体规模较小。经查询，目前没有权威机构公开发布的最新市场占有率或市场供需数据。

从上述描述看来，公司在真空绝热板和芯材行业中，也是处于排名非常靠前的位置。同时，我们可以看出，以上两大板块的竞争对手中，并无重复的企业，这是一个很有意思的信息。而且，也可以看出一个特点，即行业进入的壁垒较高，后来者基本没有办法再进入，除非是大资本花钱直接购买，因此这个行业就是主要几家企业在相互竞争。

2.8.2 商业模式

再升科技刚上市的时候，商业模式很简单，自己生产玻璃微纤维棉，然后把玻璃纤维棉制造为滤纸、VIP 芯材和 AGM 隔板，然后销售给下游企业。再升的上游主要为公司的两大主要产品，玻璃纤维滤纸和真空绝热板及芯材，其原材料均是玻璃纤维棉。公司于 2012 年和 2013 年分别收购宣汉正原和达州新材料的股权，开始涉足原材料微纤维玻璃棉的生产，除主要为公司生产玻璃纤维滤纸和真空绝热板芯材提供原材料，还少量对外直接销售微纤维玻璃棉。因此，再升把直接的上游企业整合了。

玻璃棉的主要材料为各类矿物资以及电力和天然气，其中电力和天然气在成本中的占比在 50% 左右。我关注到一个细节，即公司在中石化中原油田普光分公司的采购占比越来越大。计算了下，在重庆采购天然气的价格为 2.20~2.30 元每立方米，而在宣汉中石化为 1.50 元左右每立方米。这个价差也太大了。因此我们不难理解公司把玻璃棉的生产基地放在宣汉，因为那里天然气便宜。

再升科技的下游基本是出口，从公开的数据来看，直接出口约 40%，加上间接出口，占比 60%~70%，并且下游客户多而分散。为什么下游企业多而分散呢？再仔细看看产业链，滤纸的下游是过滤器厂家，过滤器厂家的再下游才是大型企业，而 VIP 芯材呢？下游是 VIP 板材的厂家，再下游才是冰箱厂，因此再升科技并没有直接面对下游具有话语权的大企业。所以，可以用一句话来形容才上市的再升科技的商业模式，就是卖铲子的公司。

由于再升科技的上游和下游均是比较分散的企业，因此在产业链中，再升科技就建立了具有话语权的地位，体现在财报中就是经营性现金流非常好，应收账款不多。以 2017 年的半年报为例，应收账款 7764 万元，不到当年一个季度的营收，经营性净现金流 6188 万元，净利润现金含量为 0.75，也还算不错。

但是从 2017 年下半年开始，商业模式就变了？为什么？因为并购了悠远环境，一家体量与再升科技相当的专业从事工业洁净解决方案的公司。2017 年 8 月，再升科技并购了悠远环境，同时这家公司也是再升科技的下游企业。然而悠远环境的商业模式和再升完全不同。悠远环境是类似做工程的企业，下游是大型的做液晶面板、半导体、医药类的企业，想一想，做工程的企业，面对这些大企业客户，必然是垫资的份，接的订单越多，垫资就越多。悠远环境是国内做工业环境解决方案的领先企业，下游企业很不错，都是知名企业，如京东方、富士康等，一般来说回款不成问题，但的确也会造成阶段性的资金问题。

因此，再升就成了既卖铲子，又想挖金子的公司。

这种商业模式的变化，马上就体现在报表上，2017 年的年报，再升科技的应收账款突增到 2.55 亿元，相当于 5 个月的营收，经营性净现金流萎缩到 3366 万元，净利润现金含量仅为 0.25。

其实这种在产业链上不具备话语权、需要大量垫资的商业模式并不是我心目中的理想模式，但我们也要从两方面来看这个问题，虽然暂时性地影响了报表的现金流，但再升也借此打通了产业链，从最上游一直延伸到了最下游，能够在微纤维玻璃棉这个细分行业打通产业链的，仅此再升一家。因此，在这里我以一个中立的态度来对待这个商业模式的变化，且走且观察。

2.8.3 护城河

从我的角度来看，我认为再升科技的**全产业链布局和国内技术领先**是其护城河。

先说全产业链布局，因为截至目前，在这个细分行业内，尚未有其他企业进行如此布局，也许是资金原因，也许是技术原因，总之除了再升科技就没其他公司了。我们来看看再升科技的全产业链布局是怎样一步步完成的。

再升科技在成立之初仅仅生产滤纸，即处于产业链的中端。2010年12月，合资成立宣汉正原。宣汉正原主要从事微纤维玻璃棉的生产和销售，2013年，公司收购了少数股东持有的宣汉正原股权，使之成为全资子公司。2013年2月，收购达州中一股权。达州中一主要从事离心法微纤维玻璃棉的生产和销售，原为自然人控制的公司，公司收购了全部股权，达州中一成为公司的全资子公司。因此，再升就完成了对上游的布局，解决了原材料的问题，并逐步巩固在玻璃棉这块的优势，并持续加码。

2015年的上市给予了再升科技新的平台，解决了全产业链布局的资金问题，这是"一步领先，步步领先"。资金问题是许多企业发展中的核心制约问题，依靠再升的体量，如果不通过资本市场，绝无可能募集到如此多的资金。2015年，再升上市的时候营收不过2.3亿元，如果这个体量通过银行贷款，最多不过能贷款1亿元，而再升科技通过IPO和定增，募集了8亿多元的资金用于产业发展。

于是再升通过内生和外延两条路进行拓展。在内生方面，逐渐加码了VIP芯材和AGM隔板的投入，通过投资设立了北京再升和上海再升，拟进入终端民用领域，与松下合资成立了生产板材的公司，并通过定增拟自建板材的生产线，通过可转债进入生产48000套FFU的项目。在外延方面，先是以1.05亿元把滤纸行业的国内第四重庆纸研院纳入麾下，以4.4亿元把苏州悠远全额收购，进入了工业环境治理的终端，同时还入股了生产无纺布的深圳中纺和意大利法比里奥，但同时也有两笔未成功的布局，包括拟入股苏州业加过滤器公司和苏州维艾普公司。

通过上述的一系列动作，再升科技成功地搭建了玻璃纤维棉的全产业链布局。

再说技术领先。因为这个行业太细分了，因此就是寡头竞争，在国内几乎没有企业与之竞争，而再升强大的成本控制能力使之在技术指标相同的情况下与外企相比具有极大的优势。

公司的玻纤滤纸性能大大高于行业标准和军用标准，其关键性指标，如厚度和抗张强度甚至大幅度领先于国外大型厂商，与 H&V、Dumas 等国际厂商的技术差距在逐渐缩小，在国内处于领先水平。公司玻纤滤纸内部微纤维玻璃棉直径在 1 µm 以下，最小直径可达 0.1 µm，对最易穿过的粒子（直径一般在 0.3 µm~0.5 µm 之间）的过滤效率最高，可达到 99.999996%。公司生产的超高效空气过滤纸（ULPA）与美国 H&V 公司技术相当。而在 VIP 芯材和板材上，再升科技是全国唯一一家掌握了干法工艺的企业，成本较传统的湿发工艺降低了 30%，使之在与聚氨酯的竞争中处于有利的位置，并且公司的 VIP 芯材产品宽度达到 2.4 米，极大提高了使用效率，为国内唯一一家。

我研究下来的结论就是，企业实际控制人有理想有技术，而上市则给予了他加快马力、拉大与竞争者的距离的机会，从而逐步建立自身的护城河。

2.8.4 未来发展前景

1. 未来战略

从公司的年报来看，公司的未来战略如下：公司致力于"高效节能"和"干净空气"事业，并进一步深化完善产业链，拓展更广泛的应用领域，使公司成为国内领先、国际知名的超细纤维制品生产企业。

应该说这个战略是比较令人满意和期待的，因为从我的投资偏好来说，我是不喜欢多元化的企业的，我喜欢专业专注的企业，而再升科技立足于自己的本行业，专业专注，纵向和横向做深做透，正好符合我的口味。而有些上市公司，主营机械制造业，却跨行业去做什么医药、房地产等，我是不太相信能够跨行业都做得很好的。

从公司这几年的系列动作来看，也在一步步践行这个战略。上市三年，募投 5 个项目，并购和入股 4 个项目，横向和纵向逐渐打通产业链，营收增长 3 倍，盈利接近 4 倍，应该说战略布局初步成形。按照公司营收 50 亿元、净利润 10 亿元阶段性的战略目标，我们来推演测算下大概什么时候能够达到。

先说扩充产能之后是否能够卖得出去，因此这里再来简单阐述下行业前景。在干净空气这块，明显是很景气的行业，例如，悠远环境的主要客户就是各大半导体巨头，年报第 29 页有描述：如京东方、中芯国际、天马、华星光电等国内高端领域的优质客户。中兴事件之后，国内的半导体芯片行业将会得到一个历史性的发展机遇，行业景气度将会非常高，再升，肯定不会放过这个机会的。VIP 芯材这一块，主要就是看产品替代，作为干法工艺的全球目前唯一掌握这个工艺的企业，没有理由不乐观，目前聚氨酯每平方米 100 多元，干法 VIP 板材目前 80 元，远期甚至可以降低到 60 元，我是极大地看好这个产品替代的，可以迅速地形成大量的产能供应下游冰箱厂、物流冷链车等企业，从再升科技与松下合资的企业来说，是要放量的。所以我认为从销售端来说，问题是不大的。

再从产能释放方面来看，2017 年公司营收 6.40 亿元，净利润 1.14 亿元，而 IPO 产能和定增募投产能并未大规模释放。

公司主要在建项目计划总投资 6.45 亿元，截至 2017 年年底，高性能玻璃微纤维建设项目和新型高效空气滤料扩建项目已完成投资 70% 以上，高效无机真空绝热板衍生品建设项目和高比表面积电池隔膜项目已完成投资占总投资的 6.71% 和 10.76%。2018—2019 年，公司计划投资 2.24 亿元和 1.73 亿元。高性能玻璃微纤维建设项目、高效无机真空绝热板衍生品建设项目、高比表面积电池隔膜项目资金来源主要为非公开发行股票的募集资金；年产 4.8 万台民用 / 商用 / 集体防护空气净化单元建设项目的主要资金来源为"再升转债"募集资金。

短期内，公司进一步加快募投项目的实施，促进产能"规模化 + 智能化"增长，提高产品的市场占有率，按照掌握的情况来看，大部分募投项目将在 2018 年落地，从而为 2019 年的业绩增长打下基础。

在宣汉基地，在原先生产线的基础上，计划建成 14400 平方米的玻璃纤维制品生产线、17700 平方米的玻璃纤维制品深加工生产线，设立总面积达 21672 平方米的七层研发中心以及 11800 平方米的原材料库，打造微纤新材料产业园。在渝北本部附近建设 33.3 亩的高性能纤维复合材料建设项目，促使工业过滤和民用过滤一体化发展，扩大行业布局。在茶园生产中心，建设 2.5 万平方米的 AGM 电池隔膜生产线 7 条，玻璃纤维过滤纸 2 条。

整体来说，在 2019 年年底可以形成二十几亿元的产能规模。2020 年年底可以形成接近 30 亿元的产能规模。剩下的产能估计靠外延并购。

从更远期来说，公司要实现从材料供应商到制品、设备制造商到提供综合解决应用服务商的三级跳，这个战略是清晰的，并且社会行业的发展也可以支撑公司的战略目标，但能不能实现就看公司自己的运作了。作为投资者来说，要相信公司能达成，但也要防止在前进的过程中各种风险事项。

2. 潜在风险点

（1）并购不及预期。并购不及预期永远是中小市值成长股潜在的雷，因为并购必然会形成较高的商誉，一旦不及预期则会严重影响利润。从再升目前已并购的几个项目来看，还不错，重庆纸研院和悠远环境并购之后均发展良好，特别是悠远环境猜对了工业洁净室的风口，接连获得大单，因此还算比较好的并购，但并不代表以后的并购也会这么顺利。从再升的动作来看，上市后快速做大的欲望很强，但并购却并不是那么好干的事情，所以才有了并购失败的业加和维艾普。对于未来的并购，作为投资人必须紧密跟踪。

（2）战略决策失误。作为中小型民营企业，在战略决策方面是不能有失误的，因为没有容错的机会，战略一旦失误则没有办法挽回，很多民营企业从辉煌走向破产，大部分原因就是方向决策选择失误所致。从目前来看，再升科技的战略是符合当前经济发展形势的，但也得持续跟踪关注，谨防管理层出昏招。中小型的民营上市公司，一般都是老板一言堂，起到决定性的作用，所以在快速发展阶段，实际控制人不出昏招，很重要。

（3）管理失控，人才跟不上。企业发展太快，人才跟不上则管理会失控，从再升科技的管理层介绍来看，还是存在一定的潜在隐患，管理层均比较年轻，最近两年企业大发展，能否远程管理住这么多企业，还得保持跟踪。同时，从外部引进的高管，能否适应再升科技的文化也得打一个问号。例如，近年来外部引进的财务负责人和董秘均在不长的时间离职了，应该能够说明外来的人才不能适应再升科技的管理模式及文化。这点要充分引起大股东的注意，从人治逐步过渡到制度治理。

小结：通过上述简单的梳理，可以看出再升科技是一家比较有理想的企业，值得跟踪和关注，但潜在的问题也不少，未来是否能成为一家优秀的企业，还得边走边看。

2.9 实地调研上市公司及注意事项

2.9.1 调研的目的

公开资料分析差不多了之后，就可以进行实地调研了。实地调研的目的，就是带着公开资料分析出来的问题，进一步更加深入地研究公司。

是不是需要实地调研，这个仁者见仁智者见智。从我个人角度来看，对于那种经过市场检验的，已经是非常优秀的很规范的上市公司，一般来说是可以不去现场调研的，通过公开资料，基本上就可以看出公司的过去、现在和未来。毕竟去上市公司调研耗时耗力，而且，费用还是需要自己出的。但是对于成长型企业，特别是高速成长型企业，我觉得去上市公司调研还是很有必要。

我去上市公司调研，其实很少提具体的很细的业务问题和疑问，因为很细的问题，一是可能在场的管理层也答不出来，二是现场回答很细的问题估计也不会回答得很详细，三是这类问题还可以通过其他途径进行更深的了解。我主要还是试图和管理层沟通了解大的方面的问题，如公司的战略、对行业的前瞻性认识等。

从我自己去实地调研的目的来说，最主要的还是去看看公司的管理层是否有理想有志向，因为通过公开资料无法看出管理层内在的视野、理想、世界观等，但通过与他们面对面的交流，就可以大概看出来，这个管理层是不是一个实干的管理层，就可以看出实际控制人到底有没有格局，有没有远见。这很重要。我曾经去调研过 30 多家上市公司，其中有 20 多家当时基本面看着还将就的公司在经过我的调研之后我就放弃了，其主要的原因还是对管理层不放心。有些企业上市之后，不知道自己该如何面对这个资本市场，也不会运用资本市场，也就是说这家公司没有资本市场的基因，内部管理人员当中没有很懂资本市场的专业人员，这就很可怕，很有可能上市反而成为它的桎梏，束缚了它的发展。这种企业我遇到过很多，把一手好牌打烂了，其特征就是，企业的基本盘很好，但就是发展不起来，通过公开资料分析很有可能得不到答案，但经过实地调研，其发展不起来的原因可能就一目了然了。

例如，有一家企业所在的行业非常好，在很早的时候就属于该行业的国内两强，而且比另外一家更早上市。按道理来说，先上市的这家公司应该可以借助资本市场的力量卡住先机，但结果却是与另外一家公司拉得越来越远，在上市几年之后，市值仅是另外一家公司的零头。通过公开资料研究，让人百思不得其解，搞不清楚这家公司到底有没有前途。因为从公开资料来看，这家公司永远给投资者一个希望，就是明年这家公司就会好。但通过实地调研，多接触几次管理层之后，就会发现其实这个问题出在人身上，实际控制人技术出身，却缺乏战略眼光，在几次关键决策上畏首畏尾，同时也缺乏一位能够善于管理的合伙人，公司也不太懂得如何运用资本市场，慢慢地就落后了。

2.9.2　调研上市公司的途径

调研上市公司的最佳途径就是参加股东大会。一般来说，一家上市公司在一年内有很多次股东大会，参加股东大会是直接面对实际控制人的最佳机会。但平时的临时性股东大会，实际控制人有可能不会参加而授权其他人进行投票，所以尽量参加年度股东大会。年度股东大会，主要股东和高管层都会悉数出席，所讨论的项目大部分是涉及下一年战略方面的，实际控制人一般会进行比较深入的阐述。

有朋友问，这样的小股东也可以参加吗？其实只要是上市公司的股东，都可以参加，自己不要觉得不好意思。我参加过很多个公司的股东大会，一般来说，在进入会场之前会进行登记，我经常在登记表上看到只有一百股的股东参加。这个持有一百股的朋友参加股东大会，大概率是高手，他买的一定是观察仓，买入的目的就是为了参加股东大会，以此来作为自己是否加仓的依据。没有参加过股东大会的朋友，可以试着去参加一下，可以从自己当地城市所在的上市公司开始，参加的多了也就有经验了。

第二个有效的途径就是参加当地一些券商和当地一些媒体机构组织的走进上市公司的交流会。其实大家留意一下的话，这类活动还是挺多的。走进上市公司的活动，一般来说首先是去参观工厂和生产线等，参观完了之后就和高管进行交流，虽然实际控制人、大股东很有可能不会参加，但董秘会出席的。与参加股东大会相比，通过这类走进上市公司的活动还可以去参观工厂等，实际看一看公司的经营生产情况，而参加股东大会一般来说没有去参观生产线的机会。

第三个有效的途径就是发挥自己的能力圈，通过公司的合作伙伴了解、调研上市公司。一家公司有很多合作伙伴，包括业务上的上下游合作伙伴，也包括金融机构、法律事务所、会计师事务所等第三方服务机构。有几家上市公司，我就是通过第三方机构的介绍，让我有了深度接触管理层的机会，从而深度了解上市公司。

我自己还挖掘出了第四个接触上市公司的方法，我平时很喜欢写作，通常把公开分析上市公司的资料发在网上，有几次我所写的内容引起了上市公司的注意，上市公司主动联系到我并邀请我去调研。因为上市公司很注意舆情管理，公司上市之后一般来说都有专人来负责与媒体打交道，对于在网络上发表的对上市公司深度分析的文章，他们一般都会关注到。有一家上市公司，我匿名去参加了两次股东大会，然后有一次由于工作原因，我与该公司的董秘碰上了，他说我看着很面熟，我说我是其公司的股东，参加过几次股东大会，而我之前见过他，并说出我的网名是 ×××。他就很惊讶："你就是 ××× 呀？我们公司高管层都知道你，还给你的公众号打过赏。"然后他热情地欢迎我随时去调研。通过这种方法，我获得了更好地了解上市公司的机会。

2.9.3　调研的注意事项

首先就是切忌去打听不该打听的消息，切忌去打听所谓的内幕消息。对于上市公司，证监会有严格的信息披露管理制度，上市公司也不会透露不该透露的消息。打听一些消息，反而让上市公司认为你就是一个短期投机客，一般来说，上市公司是不太欢迎短期投机客的，因为有可能会造成股价的大幅波动。例如，绝对不能去问公司近期有哪些短期并购的标的，但可以问公司对于并购的一些战略考虑。

其次就是要做好功课，深入阅读各种公开资料，这样提问才能提到点子上，因为毕竟去实地调研一趟，耗时耗力，同时深入分析该上市公司，也可以给上市公司一些合理的建议。例如我自己在金融行业工作过多年，一直从事类投行业务，比较了解一些资本市场工具。有一家目标上市公司，业绩增长迅速，我认为公司的体量可以做好评级和发债的准备了，于是我在股东大会上发言，建议公司做好这方面的准备工作，拓宽融资来源。结果一年左右公司就有了公开市场评级，并且也准备发债了。也许是公司本身就做好了这方面的工作，也许是我的发言可能起到了这么一点推动作用吧。总之我给公司提了很好的建议。

第 3 章

如何买，如何卖

本章主要内容包括：

➤ 好公司也要找相对安全的好买点

➤ 常用的估值方法——好股还要好价钱

➤ 具体买入案例分析

➤ 再谈一个相对安全的买点

➤ 买入后的跟踪

➤ 价值投资如何卖

➤ 戴维斯双击与戴维斯双杀

3.1 好公司也要找相对安全的好买点

通过简单的分析，我们可以知道，一家公司经营情况大概怎么样，但是，一家好企业，投资者就可以随时买吗？当然不是。如果买点不对，那么给人的就是无尽的烦恼，可能会被套很长时间，而且未来的变数是很大的，万一我们在持有股票的过程中，公司的基本面逻辑有变，那么就有可能会大亏。所以，一个相对安全的买点非常重要。好行业、好公司、好价格，三者缺一不可。

下面以三个案例来说明为什么一个相对安全的买点也是十分重要的。

1. 案例一：伊利股份

如图 3.1 所示为伊利股份年 K 线（前复权），连续 9 年的上涨，妥妥的大牛股，那么就来还原这 9 年吧。

● 图 3.1　伊利股份年 K 线

2010 年，全年上涨 77.78%，最高价为 5.79 元，收盘价为 4.48 元，最低价为 2.43 元，这意味着，到年底要回撤 22.63% 的利润；2009 年最高股价为 2.94 元，这意味着，到 2010 年最低股价的时候要回撤 17.35% 的利润。

2011 年，全年上涨 9.82%，最高价为 5.98 元，收盘价为 4.92 元，最低价为 3.16 元，这意味着，到年底要回撤 17.72% 的利润，到 2011 年最低股价的时候相比 2010 年最高价要回撤 47.16% 的利润。

2012 年，全年上涨 12.20%，最高价为 6.36 元，收盘价为 5.52 元，最低价为 4.20 元，这意味着，到年底要回撤 13.20% 的利润，到 2012 年最低股价的时候相比 2011 年最高价要回撤 29.77% 的利润。同时，2012 年最低股价低于 2010 年最高股价，长达一年多没有利润。

2013 年，全年上涨 104.89%，最高价为 15.70 元，收盘价为 11.31 元，最低价为 5.49 元，这意味着，到年底要回撤 27.96% 的利润，到 2013 年最低股价的时候相比 2012 年最高价要回撤 14.08% 的利润。同时，2013 年最低股价低于 2011 年最高股价，长达一年多没有利润。

2014 年，全年上涨 13.79%，最高价为 13.45 元，收盘价为 12.87 元，最低价为 8.69 元，这意味着，到年底要回撤 4.31% 的利润，到 2014 年最低股价的时候相比 2013 年最高价要回撤 44.65% 的利润。

2015 年，全年上涨 19.50%，最高价为 21.95 元，收盘价为 15.38 元，最低价为 11.57 元，这意味着，到年底要回撤 29.93% 的利润，到 2015 年最低股价的时候相比 2014 年最高价要回撤 13.98% 的利润。同时，2015 年最低价低于 2013 年最高价，2015 年最低价的时候相比 2013 年最价格回撤 26.30% 的利润。

2016 年，全年上涨 10.53%，最高价为 20.06 元，低于 2015 年最高价，收盘价为 17 元，最低价为 11.46 元，低于 2015 年最低价，甚至低于 2013 年最高价，这意味着，到年底要回撤 15.25% 的利润，同时，**到 2016 年最低股价的时候相比 2013 年最高价要回撤 27% 的利润。这是多么折磨人的事情，长达三年都没赚到钱。**

2017 年，全年上涨 89.35%，最高价为 33.70 元，收盘价为 32.19 元，最低价为 16.78 元，这意味着，到年底要回撤 4.48% 的利润，同时，到 2017 年最低股价的时候相比 2016 年最高价要回撤 16.35% 的利润。

而伊利股份，按照 2018 年的最高价来算，9 年内从 2.52 元涨到了 35.53 元，妥妥的 14 倍股。这 9 年，伊利股份的利润从 6.48 亿元涨到了 2017 年的 60 亿元。妥妥的业绩与涨幅完全正相关。

因此，也可以得出一个结论，如果买点没有选对，那么有可能在这样一只大牛股上套三年。

2. 案例二：中国平安

如图 3.2 所示为中国平安年 K 线（前复权）。中国平安也是一家非常优秀的公司，业绩持续增长，2007 年上市。我们来看看中国平安上市这十来年的走势。

●图 3.2　中国平安年 K 线

2007 年上市，股价最高为 69.69 元，2008 年相比 2007 年最高价暴跌 90%，股价最低达到 5.35 元。

从 2009 年开始到 2013 年，横盘 5 年。

2013 年开始上升的主升浪，2013 年最低价为 12.17 元，2018 年最高价为 80.08 元，5 年涨幅接近 7 倍。如果从 2008 年股价最低算起，10

年 14 倍，但其间确实要经历 5 年的折磨期。

如果不幸买在 2007 年的最高点的话，那么经历是 2008 年的浮亏 90%，以及漫漫十年的等待之路，在这样一只大牛股上套十年，是多么可怕的事情。

3. 案例三：再升科技

如图 3.3 所示为再升科技上市后的月 K 线。我们分析过，再升科技的基本面还不错，但自上市后除了上市当年遇到杠杆牛市被爆炒一番达到最高的股价 18.29 元之后，就是漫漫无尽的下跌之路，纵然业绩高速增长也抵抗不了股价的下跌。

• 图 3.3　再升科技上市后的月 K 线

2015 年，股灾前夕最高股价为 18.29 元，三年后最低价已经是 7 元多了，腰斩。

然而这三年业绩从 2015 年的 5109 万元增长到 2018 年 3 季报的 1.21 亿元，预计全年约 1.8 亿元，业绩增长近 4 倍。

但如果是在 2015 年高点买的，也是长达三年的漫漫无尽的等待和 50% 的浮亏。

通过上述三个案例，可以有个小结：股价的长期上涨因素还是业绩，但短期内甚至在几年内却不是这样，市场情绪和资金面决定了股价，因此，就算是一家好公司，无脑买也是很容易长期被套甚至大亏的，所以一个好的买入价格相当重要，而评估这个价格是否是好的价格，就是估值。

3.2　常用的估值方法——好股还要好价钱

股票的估值是一个比较复杂的问题，复杂在不知道估值什么样的水平才是高估和低估。虽然在一些客观的财务指标上，人们会越来越多地认同统一的标准，但是在标准的具体使用上，不同的市场条件、不同的经济环境有着不同的要求。这一节来介绍一下几种常用的估值方法。

先来看看几个指标的含义和计算方法。

市盈率 PE（股价／每股收益）：市盈率，也称股价收益比率或市价盈利比率。市盈率是最常用来评估股价水平是否合理的指标之一，由股价除以年度每股盈余（EPS）得出。计算时，股价通常取最新收盘价，而 EPS 方面，若按已公布的上年度 EPS 计算，称为静态市盈率；若按当期季度收益计算的市盈率则是动态市盈率。

市盈率是某种股票每股市价与每股盈利的比率。市场广泛谈及市盈率通常是指静态市盈率，通常用来作为比较不同价格的股票是否被高估或者低估的指标。用市盈率衡量一家公司股票的质地时，并非总是准确的。一般认为，如果一家公司股票的市盈率过高，那么该股票的价格具有泡沫，价值被高估。

市净率 PB：市净率是指每股股价与每股净资产的比率。市净率可用于股票投资分析，一般来说市净率较低的股票，投资价值较高，相反，则投资价值较低，但在判断投资价值时还要考虑当时的市场环境以及公司经营情况、盈利能力等因素。

市净率的计算方法：市净率 =（P/BV），即每股市价（P）/ 每股净资产（Book Value）

股票净值即公司资本金、资本公积金、资本公益金、法定公积金、任意公积金、未分配盈余等项目的合计，它代表全体股东共同享有的权益，也称净资产。净资产的多少是由股份公司经营状况决定的，股份公司的经营业绩越好，其资产增值越快，股票净值就越高，因此股东所拥有的权益也越多。

股票净值是决定股票市场价格走向的主要根据。上市公司的每股内含净资产值高而每股市价不高的股票，即市净率越低的股票，其投资价值越高。相反，其投资价值就越低，但在判断投资价值时还要考虑当时的市场环境以及公司经营情况、盈利能力等因素。

PEG 指标（市盈率相对盈利增长比率）：是用公司的市盈率除以公司的盈利增长速度。PEG 指标是在 PE（市盈率）估值的基础上发展起来的，它弥补了 PE 对企业动态成长性估计的不足。选股的时候就是选那些市盈率较低，同时它们的增长速度又比较高的公司，这些公司有一个典型特点就是 PEG 会非常低。其计算公式：PEG=PE/（企业年盈利增长率 × 100）。

通常，市盈率仅仅反映了某股票当前价值，PEG 则把股票当前价值和该股未来的成长联系了起来。比如一只股票当前的市盈率为 20 倍，其未来 5 年的预期每股收益复合增长率为 20%，那么这只股票的 PEG 就是 1。当 PEG 等于 1 时，表明市场赋予这只股票的估值可以充分反映其未来业绩的成长性。如果 PEG 大于 1，则这只股票的价值就可能被高估，或市场认为这家公司的业绩成长性会高于市场的预期。通常，那些成长型股票的 PEG 都会高于 1，甚至在 2 以上，投资者愿意给予其高估值，表明这家公司未来很有可能会保持业绩的快速增长，这样的股票就容易有超出想象的市盈率估值。

当 PEG 小于 1 时，要么是市场低估了这只股票的价值，要么是市场认为其业绩成长性可能比预期的要差。通常价值型股票的 PEG 都会低于1，以反映低业绩增长的预期。投资者需要注意的是，像其他财务指标一样，PEG 也不能单独使用，必须要和其他指标结合起来，这里最关键的还是对公司业绩的预期。

DCF 绝对估值法：是将一项资产在未来所能产生的自由现金流（通常要预测 15~30 年）根据合理的折现率折现，得到该项资产在目前的价值。如果该折现后的价值高于资产当前价格，则有利可图，可以买入。如果低于当前价格，则说明当前价格高估，需回避或卖出。

运用 DCF 绝对估值法，有三个基础的变量，即现金流、企业的存续期和折现率。因此在使用该方法的时候，要对现金流进行合理的预测，还要选择合适的折现率，还要预测企业的寿命。在这三者有一个具体的数据之后，那么企业现在的价值就可以精确计算出来了。

DCF 是理论上无可挑剔的估值模型，尤其适用于那些现金流可预测度较高的行业，如公用事业、电信等，但对于现金流波动频繁、不稳定的行业如科技行业，DCF 估值的准确性和可信度就会降低。在现实应用中，由于对未来多年现金流做准确预测难度极大，作为个人根本不知道未来企业的现金流是多少，企业到时候还存在与否都不能确定。

个人感受：

从我个人对估值的认知来说，我认为精确的估值不是一门科学，也不是一门艺术，而是科学与艺术的完美结合。因为不知道什么估值是便宜的，什么估值是贵的。

如果按照市净率 PB 来计算，破净应该很便宜了吧，但破了净不算，还要跌到 0.7PB，甚至 0.6PB。如果按照市盈率 PE 来计算，小盘股 30 倍算便宜了吧，可是还要跌到 20 倍。在牛市中，大家都处于癫狂期，很难找得到估值 30 倍以下的股票，而在熊市中，估值看似很低，但又很有可能继续跌。所以买到最低，卖到最高，我真认为是靠运气。什么时候估值合理，什么时候高估，什么时候低估还真是摸不准。这个问题曾经困惑我很久，特别是跌的时候我不知道什么时候估值才算合理才能买。**直到我明白了成长的意义后。**

为什么这么说？因为只要企业是持续成长的，那么后续的业绩增长迟早会把股价推起来，只要心里耐得住，只要基本面不发生变化，就安心持股，不怕短期被套。例如前述介绍的伊利股份等很多涨了数十倍的长线牛股都是这样，股价一浪高过一浪，如果不幸买入被套，那么就只有等。而估值呢？没有办法精确到什么价位才是高的，什么价位才是低的，只有相对的概念。所以我们买股的时候，只要和历史估值相比，在相对安全的估值范围以内买入，基本上就不会存在太大的问题。

所以说股价是科学与艺术的结合。

从我的喜好来说，我用得最多的还是 PE 和 PEG，也用 PB 来进行估值，而 DCF 绝对估值法我是基本上放弃了，因为从个人来说没办法预测较远的未来。

对于成熟股，即没什么增长的股票，我一般会认为以市净率为主要判断依据，没什么增长的成熟股一般估值不会太高，牛市中许多大盘成熟股也难以超过 2 倍市净率，而熊市中一般要破净。

对于成长股，我就用市盈率和 PEG 来共同判别，先看市盈率，如果动态市盈率在历史低位附近，而且成长性好，PEG 小于 1，我就会重点考虑。例如，如果市盈率在 30 倍以下，且成长性好，我会认为低估，就是很好的买入机会，就会慢慢择机买入。

但如果从 30 倍继续跌到 15 倍呢？就算是成长股，那不是买到半山腰了吗？在超级大熊市中，这种情况完全有可能。就只能采取逐步买入的方法，在历史估值低位区域慢慢买入，只要成长性在，迟早会涨起来，也就是我们通常所说的：价值只会迟到，不会缺席。

这里我们来计算下前述举例的几个公司的历史估值情况。

A股价值成长投资之路

伊利股份历史估值水平如表3.1所示。我们可以看出，对于伊利股份这样一只长线成长股，PE估值大部分在25倍以下，PB估值大部分在6倍以下，在基本面持续保持优良的情况下，买入时候的估值最好不要超过PE25倍，PB不要超过6倍，否则就有短线较长时间被套的可能。这里说的超过估值安全线以上最好不要追高买入，但低位买入的筹码是可以继续持有的，享受估值溢价。

表3.1 伊利股份历史估值水平

年份	2009	2010	2011	2012	2013	2014	2015	2016	2017
PB	5.02	7.31	5.42	4.79	4.95	4.71	4.98	4.62	7.79
PE	32.69	40.29	18.08	20.54	23.68	21.21	21.62	18.92	32.52

中国平安历史估值水平如表3.2所示。中国平安也是一只长线牛股，2007年上市，上市遇到大牛市，市盈率估值突破50，市净率突破7。2008年金融危机，业绩下滑90%，用PE已经不能对中国平安进行估值。通过上述统计，可以看出如果在2007年上市估值上限买入，则是漫长的等待。通过后续跟踪，PE估值在15以下，PB估值在2以下是相对安全的区间。

表3.2 中国平安历史估值水平

年份	2007	2008	2009	2010	2011	2012	2013	2014	2015	2016	2017
PB	7.27	2.48	4.76	3.83	2.08	2.25	1.81	2.29	1.97	1.69	2.7
PE	50.28	295.44	29.5	24.42	13.78	17.9	11.72	15.15	12.08	10.12	14.02

再升科技历史估值水平如表3.3所示。通过表3.3我们可以看出，再升科技才上市的时候被爆炒到极高的估值，PE高达116倍，这样的估值买进去，不被套才怪。通过三年的高速成长，再加上股价回归，在2017年PE估值跌到45倍，逐渐进入安全区间。

通过上述分析，可以得到一个共识，就是投资者一定要等待股价进入估值的安全区间方可考虑买入。

表 3.3　再升科技历史估值水平

年份	2015	2016	2017
PB	10.53	5.93	4.31
PE	116.69	72.15	45.43

3.3　具体买入案例分析

简单说，买入的方法就是在相对安全的估值区域买入。但买入的方式又有多种，一种是到了相对安全区域后一次性买入，一种是分档次逐渐买入，还有一种是追高买入（但不会超过安全估值上限）。

对于我来说，我还是喜欢分档逐次买入。只要公司的基本面向好，无论哪种方式买入最终应该都会盈利，但不同的买入方式还是有差别的。相比其他买入方式，分档逐次买入的优势就是能在合理的估值区域平滑买入成本，能够基本保证在所有的价格区间都能够有资金买入筹码。

所以，我认为：合理的估值区间（动态 PE）+PEG 低估 + 分批次逐渐买入，三重锁定，基本可以保证买在相对安全的底部区域。

例如中国平安，从 2013 年开始一直就处于低估区域，当然如果是在2013 年买入，那就再好不过了，因为 2014 年大涨，但如果不幸一次性买在 2015 年高点（其实 2015 年高点从 PE 和 PEG 来看，也是合理的估值区间），到 2016 年的最低点，几乎腰斩，然后才迎来 2017 年的大涨。

因此，市场先生真是令人捉摸不透啊。虽然最终还是盈利，但这种先腰斩再盈利的过程对心态的折磨，非一般人能够承担。

总之，我认为在安全估值区域慢慢买入，不分左侧右侧，是比较可行的办法，但绝对不能看到股价涨得比较好，就脱离安全估值区域去追高买入，大概率会是一笔相对失败的操作。

A股价值成长投资之路

1. 金牌橱柜追高买入的失败操作

    对于金牌橱柜这样的小盘成长股，安全估值区域极限也就是 30 倍 PE，对应股价为 83.4 元。一般来说应该控制在 30 倍 PE 以内买入。但该股在乌合之众的推动下，居然涨到了 179.1 元，然后股价崩塌。虽然对趋势投资者来说，即使 83.4 元买入，上涨的趋势也继续延续了一段时间，股价还涨了几十元，也是有盈利的，但对基本面长线价值投资者来说，这就不是一个好的买点了，因为超出了安全边际，所以这几个月内股价又跌了 70%。如果在一百多元以上买进去到现在还没有出来的，可能就会痛苦很长一段时间了。如果还在 170 元以上极高估值区域无脑买入的朋友，只能说你是一个赌徒了。金牌橱柜估值如表 3.4 所示。金牌橱柜买入区间示意图如图 3.4 所示。

表 3.4   金牌橱柜估值

年份	2017
PB	10.98
PE	84.55

● 图 3.4   金牌橱柜买入区间示意图

2. 涪陵榨菜买点分析

    涪陵榨菜历史估值如表 3.5 所示。通过统计可以看出，2011 年的时候是估值最低的，PE 估值仅为 25.94，PB 估值仅为 2.60，却不是最佳买点，为什么呢？

表 3.5　涪陵榨菜历史估值

年份	2010	2011	2012	2013	2014	2015	2016	2017
PB	3.87	2.60	3.85	5.64	5.08	4.49	4.49	6.87
PE	57.74	25.94	28.80	41.54	43.64	38.30	27.30	32.25

　　回到前述章节，我们买股票的前提是基本面良好，企业优秀才能考虑找一个相对较低的介入点。而 2014 年之前的榨菜难称优秀，虽然股价较 2012 年的低点也涨了两三倍，但背景却是 2013-2015 年牛市的估值提升形成的股价上涨而已。

　　涪陵榨菜买点区域示意图如图 3.5 所示。榨菜的最佳买入点是在 2016 年，经过深入的基本面分析，在 2015 年的时候榨菜经过多年的厚积，形成了较深的护城河，可以预见到业绩即将爆发，基本面无忧。而 PE 估值仅为 27.30，正是逐步买入的良机。

●图 3.5　涪陵榨菜买点区域示意图

　　如图，逐渐买入后，股价就随着业绩的飙升而大幅上涨了，而 2016-2018 年并不是牛市，看来只要基本面优秀，个股还是可以独立于大势的。

3.贵州茅台买点分析

　　从上表可以看出，贵州茅台是一家非常稳健的成长型公司，2013-2015 年处于平稳发展状态，2016 年加速。从我自身的观点来看，茅台是这么多上市公司中最具确定性的公司，没有之一。

A股价值成长投资之路

贵州茅台历史业绩如表 3.6 所示。通过表 3.6 可以看出，2013 年茅台的估值达到了极限低值，PE 估值仅为 8.8，如果 2013 年买入贵州茅台的股票，将会取得 8 倍以上的收益。但是，往后看一片清晰，如果自己身临其境，是否敢于在那个时候买入并重仓呢？说实话，我未必会敢。

表 3.6　贵州茅台历史业绩

年份	2010	2011	2012	2013	2014	2015	2016	2017
营收（亿元）	116	184	265	311	322	334	402	611
净利润（亿元）	50.5	87.6	133	151	153	155	167	271

贵州茅台历史估值情况如表 3.7 所示。2013 年，中央八项规定，严格限制三公消费，对之前主要消费群体而言的高端白酒来说无疑是当头棒喝，贵州茅台作为白酒一哥，业绩连续三年微增，而其他白酒企业则一片惨淡。

表 3.7　贵州茅台历史估值情况

年份	2010	2011	2012	2013	2014	2015	2016	2017
PB	9.44	8.03	6.36	3.13	4.05	4.29	5.76	9.58
PE	42.65	22.9	16.3	8.8	14.1	17.68	25.1	32.35

在 2013 年买入茅台股票的人，要么是赌徒，要么是对茅台的商业模式有非常深入洞见和对价值投资有深刻理解的高人，所以一般人真还不敢在那个时候买入贵州茅台。

符合一般人的真正的最佳介入点在 2015—2016 年，只要通读了贵州茅台连续几年的年报，就可以看出来两点变化：一是预收账款在增加，说明销售在转好；二是消费者结构从主要对公到主要因私消费，就可以预见出业绩的持续稳定增长是完全可行的，而 2015—2016 年的估值并不高，对茅台这样确定性很强的优质企业来说，动态估值 20 倍以下就是比较安全的区域，买入之后即使短期被套也不会等待太久的时间即可浮盈。贵州茅台买入区域示意图如图 3.6 所示。

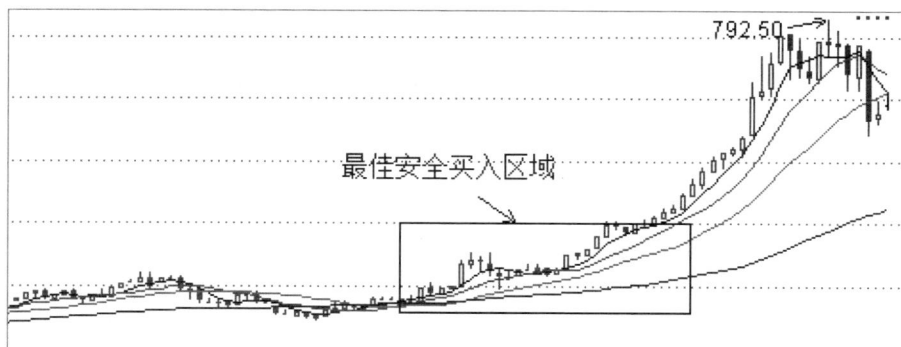

● 图 3.6　贵州茅台买入区域示意图

3.4　再谈一个相对安全的买点

本书在买点的判断方面介绍得不多，主要原因在于两点：一是安全的买点是一个相对的概念，没有绝对，无法用科学的方法具体来计算绝对安全的买点；二是我认为公司基本面的优异与否的重要性高过寻找安全的买点。

先来说第一个问题。不少朋友在价值投资中有两个误区：一个是总是以买在最低为荣，纠集于几毛钱或者几分钱的差价，从而失去最佳买入筹码的机会；另一个是总想买入后就开始浮盈。其实上述两个误区产生的原因还是在于投机思维占上风在作祟。

我们做价值投资，目的是寻找到优秀的企业，和企业共成长，目标是星辰大海，几分钱的差价实在不是一件太重要的事情。例如，我们的潜在目标是市值增长 5 倍，那么，9.90 元和 10 元买，有什么大的差别吗？

企业的短期股价，资金面和情绪面的成分居多，谁能准确地知道多少股价才是最低呢？只有神仙才知道。有不少朋友，低位没买到，股价涨了一点起来又不敢买了，盼望股价跌下来再买，但股价就是不跌，结果股价暴力拉升后脱离安全区域了又怕买不到，匆匆追涨又追在短期的高点。或者是股价涨起来确实又跌下去了，但跌下去后却又因此搞得心情很不好。所以我认为做价值投资时，在相对安全的区域只要有钱就慢慢买，不管左侧还是右侧，都是比较好的买入方式，不要在乎短期几毛几分的价格差。

买入后就想浮盈其实也是一种投机思维在作祟。买入后马上就赚还是亏也只能是天知道了。对价值投资者来说，眼中应该是筹码，是股份，如果买入后不幸股价下跌，其实应该高兴才对，因为可以更便宜的价格买相同的筹码了。我们买入股份，是买入公司的一部分，志在长远，为什么要以天来看股价的涨跌呢？买入后固然马上涨就好，但短期不涨其实真的没什么，只要基本面逻辑还在，不是在非安全区间买入的，实际上不用等待太长的时间就会慢慢脱离成本。因此，眼光看长远一点，不要在乎昨天、今天、明天的涨跌。

至于什么时候是一个相对安全的区间，这个也没有办法精确测算，虽然前文我也用了一些定量的标准来衡量是不是安全区间，其实也是一个模糊的概念。例如，我认为贵州茅台20倍PE以下相对安全，但20.01倍难道就不安全了吗？就不能买吗？更多的时候其实是一种感觉，一种经验的积累。

例如，在熊市中和在牛市中，安全区间就会略有不同，同一个标的，牛市中估计会放宽到30倍PE估值，而熊市中要严格到20倍PE估值才可以慢慢地买入。

而且也要分标的的性质和行业。例如银行股即使在牛市中也不可能20倍PE以下就开始买，而类似科技股却可以30倍PE以下就可以慢慢买入了。例如水电气等民生类股票现金流极好，但缺乏可期望的成长性从而沦为价值股，日常估值极低，最高估值都很难超过20倍PE，但类似爱尔眼科等高速稳健成长股却一直可以稳定在40倍PE估值以上。

所以这个估值的衡量真还是科学与艺术的完美结合。既要进行精确的计算，又不能沦为数字的奴隶，需要跳出数字看数字，是一种模糊的正确。

在具体的操作中，特别需要注意两点：一是不追高，在底部悄悄买，要是企业的股价脱离了安全区域之外，就不要买了，免得短期被套，即使未来没有合适的买点，也只能是遗憾地错过了；二是大热的股票不买，大热必死，人多的地方不去，股市中大多数人的判断一定是错的。金牌橱柜上市后大热，无数人 100 多元去追涨被埋，但在大热前 70 元以下悄悄买入进去的却赚得盆满钵满。

最后，还要再次说明的一点就是，所有估值的衡量以及测算安全区域，离不开的还是对基本面的深度把握。深入了解基本面是一切估值的前提，投资是投企业的未来，是对企业未来发展成长的预判，离开基本面谈估值就是扯淡，通过对企业所在行业、产品、产能释放、管理团队等的深入了解，大概率确定企业前景美好的前提下，寻找到一个相对合理的买点。

3.5 买入后的跟踪

2015 年股灾以来，市场步入了熊市，广大投资者最怕的一个字就是：雷！

所谓的"雷"就是不可预见的利空，而且突然出现，导致开盘后股价连续跌停没有办法平仓而形成的亏损。

我认为，只要跟踪的时间够久和足够的深入，除了确实存在少数不可抗力形成的"雷"，很多"雷"是可以提前预知的。所谓的"雷"，其实就是企业成长中的不确定性，有哪个企业有 100% 的确定性可以让人稳赚不赔呢？没有，就如确定性最强的贵州茅台，也会存在潜在的风险，万一来场洪水把茅台镇给淹了呢？万一有人恶意搞破坏把基酒破坏了呢？或者是赤水河发生污染了呢？都是有可能的。当然，这些是不可控的"雷"。

其实更多的是可控的"雷"，意思是掌握企业发展过程中可能遇见的风险，当这个风险真的出现的时候，投资者不至于惊慌失措，而是按照自己的预案，有条不紊地做好应对措施。

举个例子，定期报告都是滞后的，例如年报一般3-4月份才公布，半年报一般在8月份公布，实际上反映的是几个月前的经营情况，所以具有一定的滞后性，待定期报告公布的时候，公司的情况已经变了几个月了。但其实很多事情，通过紧密跟踪，通过各种公开资料来看是可以略知一二的。

例如，广汽集团2016年的业绩很好，但从2017年11月股价到顶后开始下跌。如果仅从2017年3季报来看，是看不出什么问题的，甚至从2017年年报来看也是非常优秀的业绩。但其实只要稍微跟踪紧密一点，仅仅跟踪广汽集团每月的产销快报，就能大概知道业绩从2017年4季度已经开始走下坡路了。

2017年10月销量快报显示累计实现销售1642264辆车，同比增长25.64%；当月实现销售175703辆，同比增长11.13%。

2017年11月销量快报显示累计实现销售1822772辆车，同比增长23.04%，增速开始减缓；当月实现销售180508辆，同比仅增长3.53%。

2017年12月销量快报显示累计实现销售2001036辆车，同比增长21.27%，增速继续减缓；当月实现销售178264辆，同比仅增长5.73%。

由于春节的因素，2018年1-2月拉通计算，销量快报显示累计实现销售325055辆，同比增长15.10%。

2018年3月销量快报显示累计实现销售508432辆车，同比增长11.21%，增速继续减缓；当月实现销售183377辆，同比仅增长4.91%。

通过这么一跟踪，其实很明白了，广汽集团的增速减缓了，从2017年的11月份就已经比较清晰地看出来业绩在走下坡路，虽然没有负增长，但在资本市场，增速减缓意味着估值必然往下走，是难以维持 3 倍 PB 的汽车行业的高估值的。

上述只是简单地示范通过公开资料的跟踪，实际上，通过各种途径的公开资料紧密跟踪，对基本企业的经营情况、潜在的"雷"，投资者慢慢地就会了然于胸。

所以买入股票后，紧密地跟踪非常重要，更深地了解是为了更好地持股。长牛股、大牛股并不是一蹴而就的，中间都有很多反复，在遇到反复的时候要比较清楚地知道到底是回调还是业绩反转，唯有通过各种渠道进行紧密的跟踪。

具体而言，在买入股票后大概有以下几个渠道可以了解和跟踪企业的情况：

一是公告。这是上市公司最正规的信息发布渠道，在监管机构的要求下进行发布。对每个公告都必须要认真阅读和分析。

二是公司的新闻发布渠道。例如公司的官网、官方公众号和官方微博等。

三是券商的研究报告。虽然券商的研究报告的预估股价不太靠谱，但其内容还是值得一看的。

四是投资者交流平台。除了自己可以在投资者交流平台进行留言询问问题，还可以看看其他人的问题及公司的回答。

五是可以拨打投资者交流电话。每家上市公司都有投资者交流电话，可以打电话给公司的证券部工作人员咨询问题，一般来说，不违背信批原则的情况下，公司还是愿意和投资者进行交流的。

六是继续参加公司的股东会，并可在股东会上向管理层进行咨询。

总之，跟踪得久了，也就慢慢地熟悉了公司，对公司的每个动作、每个公告背后的逻辑和原因，也就了然于胸了。

3.6　价值投资如何卖

买入股票后，要卖掉股票才能兑现浮盈，实现真正的投资收益，那么作为价值投资者，怎么来卖股票呢？卖股票需要什么前提条件呢？

首先应该明确的是，我们买入公司的股票，就是买入公司的一部分，那么公司经营情况好，长期来看，内生价值会不断地把股价推高。因此，只要公司的基本面良好，自己的持有逻辑还在，那么就应该坚定持股，不要随便卖掉，但如果在我们跟踪股票的过程中发现公司情况变差了怎么办呢？

再回到我们的买入那里，为什么要买这只股票，必然是买入的时候有自己的买入逻辑。例如，通过我们的分析，公司行业前景不错，并且公司在这两年有大量的产能要投放市场，而且预判到销售不愁，因此这里的买入逻辑就是公司在这两年业绩将会大幅增长。但，持续了一年之后，跟踪的情况是，市场并不像想象的这么好，公司生产的产品形成了较大的存货，并未有效销售出去。而且这种情况也已经拖累了公司的股价，在这种情况下，投资这家公司的逻辑已经出现了变化，自己持有的理由没有了，所以这种情况下就应该卖掉。

因此，价值投资的卖出条件之一就是，持有逻辑没有了，基本面发生了向下不可逆的变化。

3.6.1　杰瑞股份卖出案例介绍

杰瑞股份是中国油田、矿山设备领域的多元化民营股份制企业，由9个成员公司、4个驻外办事机构组成。主要产品和业务有：油田专用设备、油田固井和压裂等特种作业设备、天然气压缩机，油田、矿山设备维修改造，海上油田钻采平台工程作业服务等。2010年2月在深交所上市。

杰瑞股份曾是当年的大牛股之一，从 2010 年 2 月上市到 2014 年 1 月达到股价的最高点，刚好 4 年，股价涨幅达到了 8 倍，但之后股价则节节下跌，一直熊到现在。

上涨和下跌的原因均为基本面。上涨是基本面的持续向好，而下跌的基本面是基本面持续恶化。

先看杰瑞股份的业绩表，如表 3.8 所示。

表 3.8 杰瑞股份历史业绩

年份	2010	2011	2012	2013	2014	2015	2016	2017
营收（亿元）	9.44	14.6	23.8	37	44.6	28.3	28.3	31.9
净利润（亿元）	2.82	4.24	6.43	9.85	12	1.45	1.21	0.68

更细一点，来看杰瑞股份 2014—2015 年每季度的业绩表，如表 3.9 所示。

表 3.9 杰瑞股份 2014—2015 分季业绩

季度	2014.1	2014.2	2014.3	2014.4	2015.1	2015.2	2015.3	2015.4
营收（亿元）	8.87	13.41	13.87	8.45	5.58	6.68	6.79	9.22
净利润（亿元）	2.12	4.04	3.90	1.62	0.56	0.45	0.23	0.20

可以看出来，2010—2014 年杰瑞股份高速增长，每年都保持着 50% 以上的增长速度，但 2014 年 3 季度，杰瑞股份开始走下坡路，环比出现下滑，2014 年 4 季度下滑趋势已经相当明显，虽然仍然公布了一份不错的 2014 年年报，但实际上在公布年报的时候经营下滑已经快接近 1 年了。

是什么原因导致了杰瑞股份这家曾经这么厉害的企业突然业绩大垮呢？仔细研究杰瑞股份的产品可知，杰瑞股份的产品主要为石油类机械，是国内两大压裂车制造企业之一，企业管理层很不错，务实且勤奋，奈何企业的熟悉偏周期性，石油行业好则企业好，石油行业差则企业差。布伦特原油价格走势图如图 3.7 所示。

A股价值成长投资之路

通过图 3.7 可以看到，从 2014 年 7 月开始原油价格下跌，10 月跌幅
加剧。

●图 3.7　布伦特原油价格走势图

杰瑞股价走势图如图 3.8 所示。杰瑞股份股价自 2014 年 1 季度开始
回调，2 季度反弹，4 季度继续下跌，2015 年 1–2 季度回光返照，反弹，
然后股价再次崩塌，头也不回地继续跌了 70%。

●图 3.8　杰瑞股价走势图（前复权）

从上述情况来看，实际上 2014 年已经有先知先觉的资金在跑路了，

和公司的基本面基本共振。从业绩上看，2014 年 3 季度增长基本停滞，4 季度开始大幅度地负增长。

2015 年上半年得益于杠杆大牛市，股价不跌反涨，但这也是最后逃命机会。

所以，杰瑞股份从 2014 年下半年开始，基本面变差，是一定要卖出的。投资者如果自身有一定的研究能力，2014 年下半年就应该慢慢地卖出，如果只能看懂基本的财报数据，那么当 2015 年 1 季报发出来的时候，无论如何也要卖股走人。

3.6.2 长安汽车卖出案例介绍

长安汽车是中国汽车四大集团阵营企业，拥有 156 年的历史底蕴，34 年的造车积累，全球 16 个生产基地、35 个整车及发动机工厂和 10 个重点海外市场。2014 年长安品牌汽车产销累计突破 1000 万辆，2016 年长安汽车年销量突破 300 万辆，截至 2018 年 3 月长安品牌用户突破 1600 万，两度入选央视"国家品牌计划"，成为中国汽车品牌行业领跑者。长安汽车拥有来自全球 17 个国家的工程技术人员 1.1 万余人，其中高级专家近 500 人，先后有 14 人入选国家"千人计划"；在重庆、北京、河北、合肥，意大利都灵、日本横滨、英国伯明翰、美国底特律和硅谷建立起"五国九地"各有侧重的全球协同研发格局，1997 年在深圳上市。

长安汽车在 2011—2015 年也是牛股之一，以最低股价和最高股价来计算，足足涨了 20 倍，但股价在 2015 年后崩塌。

股价的上涨和下跌没有其他原因，基本面的好坏左右了长期的股价走势。长安汽车历史业绩如表 3.10 所示。

表 3.10　长安汽车历史业绩

年份	2010	2011	2012	2013	2014	2015	2016	2017
营收（亿元）	335	266	295	391	529	668	785	800
净利润（亿元）	20.4	9.68	14.5	33.7	75.6	99.5	103	71.4

可以很清晰地看出，2011 年到 2015 年长安汽车业绩高速增长，其中有两年保持着 100% 以上的增长速度，但这一切在 2016 年戛然而止，2016 年实现了 103 亿元的净利润，但增速已经掉到了个位数，2017 年终于支撑不住，业绩下滑。在 2018 年，实际上业绩是继续大跌的。

更细一点，来看长安汽车每季度的业绩表，如表 3.11 所示。

表 3.11　长安汽车 2015-2016 年逐季业绩

季度	2015.1	2015.2	2015.3	2015.4	2016.1	2016.2	2016.3	2016.4
营收（亿元）	182	148.6	150.6	186.6	193.4	164.6	178.1	249.4
净利润（亿元）	24.78	25.79	16.43	32.22	26.60	28.17	22.47	25.52

长安汽车有一个特殊的地方，就是净利润几乎都来自投资性收益，所以在这个统计表当中，营收其实是不能反映真实情况的。长安汽车的净利润来源基本都是合资企业，却没有并表，所以在营收方面是体现不出来这部分资产的，而净利润则反映了这部分投资收益的波动情况，我们可以看出来，其实从 2015 年的四季度开始就慢慢地在走下坡路了。在这个市场上，高估值来自高增长，一旦没有了增长，也就从成长股变成了成熟股，估值就上不去了。因此，失去了成长性的长安汽车，股价就渐渐地下来了。

如果我们经过比较严密的分析，就能够清楚地知道，从 2016 年开始长安汽车就失去了成长股的投资价值，就应该卖出了。后续我们可以看到，2017 年业绩继续下滑，股价继续崩塌。长安汽车卖出示意图如图 3.9 所示。

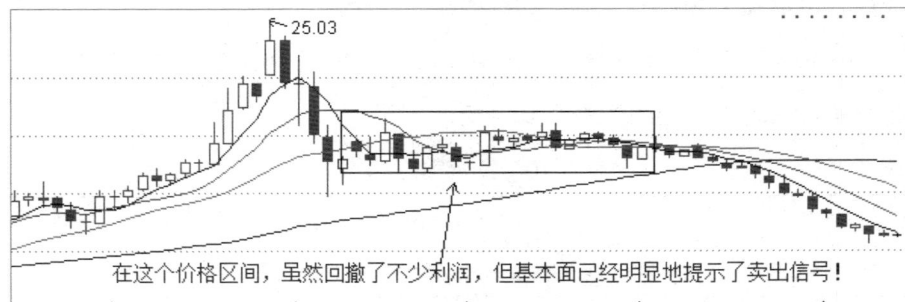

在这个价格区间，虽然回撤了不少利润，但基本面已经明显地提示了卖出信号！

● 图 3.9　长安汽车卖出示意图（前复权）

如果 2015 年的下跌是因为系统性的杠杆股灾造成的话，那么 2016 年就硬生生的是因为没有了成长性而造成的股价下跌，无论如何都应该走了。

小结一下，如果证实基本面发生了向下不可逆的变化，当初的持有逻辑没有了，无论当时是浮亏还是浮盈，都要卖出股票，不能因为还浮亏就舍不得卖出，或者是浮盈回撤了不少而幻想股价再上去后再卖。

还有一种情况，就是估值极度高估的时候，要卖出。为什么？

在讲述这个问题之前，先来讲讲另外一个概念，前述对如何买入进行了比较深入的分析，划定了相对安全的买入区域，那么问题出来了，是不是股价逐渐上涨，脱离了安全区域之后就应该卖出了呢？

非也！

以金牌橱柜为例，划定的相对安全买入区域是 83.4 元，但绝不是股价超过了 83.4 元就应该卖出，因为会失去很长的一段利润，我们可以看到，最终股价在乌合之众的力量下，被推到了 179.10 元才崩，如果股价为 83.4 元时投资者就恐高卖出的话，基本上就损失了最多 90 多元的利润。

那么到底什么时候该卖出呢？难道脱离了安全区后有一定泡沫了也不卖？

我的理解是，持有股票要享受适度的泡沫带来的超额收益，适度的泡沫并不可怕，而巨大的泡沫才可怕，适度的泡沫并不会阻止股价的继续上涨。

什么时候最可怕？一是从大势来看，已经没有人看空的情况下可怕，例如 2007 年 9 月、10 月，纷纷是要涨到 1 万点的观点，2015 年 5 月、6 月，到处都是大牛市才开始的喧嚣，这时候是集体性的泡沫，要卖出；二是个股，大量的媒体、大量的文章来描述一个公司的好，大量的散户无脑买入的时候，那就是泡沫要破灭的时候了，要卖。而泡沫才刚刚开始的时候，根本无须卖出。例如，金牌橱柜在刚刚突破 100 元的时候，基本还没什么人来关注，而突破 120 元的时候，看多的人就陆续多了，在突破 150 元的时候，一片看多之声，一片看好之声，再加上估值已经奇高，这时候就要高度警惕了，要做好随时卖出的准备。

再说一下另外一种情况。有那么极少数的一类人，就是从不卖出手中的个股，从而获得巨大的收益。我十分认同和佩服几十年持有同一只股票的这类牛人。为什么？因为他们属于价值投资的最高阶，是彻底的纯粹的价值投资者，他们的眼中没有股价的概念，只有股权，所以他们毫不在意股价。例如刘元生，持有万科 30 年，获得了巨大的收益。后文也会提及一位我在现实生活中认识的连续 20 年买入万科的牛人，在 2008 年万科下跌 80% 仍然没有卖出万科，反而越跌越买，最终实现财务自由。

但我同时也认为才入门价值投资的普通散户是几乎做不到的，为什么？功力的原因。上述是大师级的价值投资者，普通散户和他们相比根本不在一个层级上，包括现在的我。牛人曾有句话："躲过了下跌则躲过了上涨。"所以对于优质的公司，牛人是不会因为股价下跌而卖出股票的。这句话非常富有哲理，不知各位对这句话的理解如何？暂且我就不在这里深入地来阐述这句话了。而本书定位为普通的散户进入价值投资的书籍，所以我还是认为，在股价有严重泡沫的时候，还是应该要出来观望。

我们就以万科为例，来说说为什么 2008 年会跌得这样惨而 2015 年的杠杆牛市却很快从坑里爬起来。

3.6.3 万科卖出案例介绍

表 3.12 所示为 2006-2007 年万科每个季度的营运数据和 PE 动态估值的明细，可以看出，2006 年前三季度的估值还是比较合理的，从 2006 年第四季度开始就不正常了，2006 年年底估值接近 40 倍，2007 年的动

态估值完全可以用一个词来形容，飙升！其中 2007 年 3 季度的估值高达 125.83 倍，这还是用收盘价来计算的，如果用最高价来计算，会更高。2007 年 4 季度，经过一番杀跌，但估值仍然高达 64 倍。远远地超出了一般的估值水平，所以调整是必然的。如果按照 2007 年的最高股价和 2008 年的最低股价来计算，硬生生是跌了 80%，而 2007 年的最高股价，则是整整 9 年后的 2016 年才突破。

表 3.12　万科 2006-2007 年业绩及估值情况

季度	2006.1	2006.2	2006.3	2006.4	2007.1	2007.2	2007.3	2007.4
营收（亿元，当年累计）	23.04	66.7	85.09	179.2	41.14	111	141.7	355.3
净利润（亿元，当年累计）	4.11	12.77	14.56	24.23	6.16	18.01	20.91	53.18
PE	14.89	8.56	15.45	39.59	46.08	63.73	125.83	64

但为什么 2015 年的坑会很快填起来呢？我们继续来看 2014 年和 2015 年万科的营运数据和 PE 动态估值情况，如表 3.13 所示。

表 3.13　万科 2014-2015 年业绩及估值情况

季度	2014.1	2014.2	2014.3	2014.4	2015.1	2015.2	2015.3	2015.4
营收（亿元，当年累计）	94.97	409.6	631.4	1464	88.94	502.7	796	1955
净利润（亿元，当年累计）	16.38	54.92	76.05	192.9	9.08	67.89	95.39	259.5
PE	14.45	9.4	11.62	9.72	57.58	16.5	15.25	14.9

可以看出，2014—2015 年万科的估值非常便宜，2015 年上半年之前的牛市只是属于小盘股的牛市，股灾对万科股价的影响也仅仅是打了个喷嚏而已，很快恢复失地并在 2015 年 4 季度大幅上涨。

所以 2007 年的万科是要卖出的，而 2015 年的则不必。其判断标准就是一条：估值。看估值是否有严重的泡沫，看估值是不是在合理的区间。

如果 2007 年不卖，则面临的是 9 年的等待时间，如果 2015 年卖了，则错失 2015 年 4 季度之后万科高达 3 倍的涨幅。

对照万科的股价走势图来看看，如图 3.10 所示。

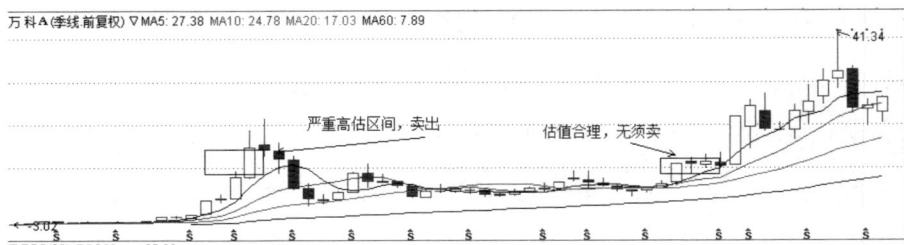

● 图 3.10　万科股价走势图及卖出区间示意图

通过图 3.10 可以看出，股价反映了一切，通过对公司估值的分析而判断出来的买卖点，是比较准确的。

3.7　戴维斯双击与戴维斯双杀

说到价值投资的买入和卖出，以及相应的股价运行规律，就不得不说到戴维斯双击和戴维斯双杀，先来看概念。

戴维斯效应，就是有关市场预期与上市公司价格波动之间的双倍数效应。也就是说当一个公司利润持续增长使得每股收益提高，同时市场给予的估值也提高，股价得到了相乘倍数的上涨，这就叫戴维斯双击；相反，当一个公司业绩下滑时，每股收益减少或下降，市场给予的估值也下降，股价得到相乘倍数的下跌，这就叫戴维斯双杀。

公式：股价 P= 每股收益 EPS × 市盈率 PE

从这个公式来看，股价其实是由两部分组成的，收益代表了公司的基本面，而市盈率代表了市场的预期，公司的基本面不断地改善，市场对它的预期就逐渐提高，从而市盈率提升，而相反的，如果公司的基本面变差，市场对它的预期降低。

比如，有一家公司 2018 年股价为 20 元，每股收益为 0.5 元，市盈率为 20PE，假设该公司每年净利润增长 30%，那么 3 年后每股收益 EPS=1 ×（1+0.3）^{3}=2.20 元，在市盈率不变的情况下 3 年后公司的股价为 P=2.20×20=44 元（这只是单击），但是由于该公司业绩持续增长，使人们对公司的未来产生更乐观的预期，于是给它更高的估值比如 30PE，这时候用公式算一下，3 年之后的股价应该是 P=2.20×30=66 元，这就形成了戴维斯双击。

相反，如果这家公司在近期的财报披露中显示失去了成长性，业绩从 2.20 元下滑到了 1.10 元，那么市场上人们对它的预期也下降，于是给予的市盈率估值下降，降到了 15 倍 PE，那么股价就应该是 P=1.10×15=16.5 元，股价下跌了 75%，这就是戴维斯双杀。

前述介绍的杰瑞股份和长安汽车就是典型的戴维斯双击和戴维斯双杀的案例。下面我们来加入估值的数据，来看看这个过程中股价与业绩以及与估值的关系。

1. 长安汽车的戴维斯双击与双杀

在这里解释下，之所以要把净资产的估值市净率也展示出来，是因为在戴维斯双杀的时候，有时候企业的业绩会杀得很低，甚至为负，那么这时用市盈率来估值其实是失真的，计算出来的数据会非常大或者不能用市盈率来估值，因为企业的市值跌到净资产及其以下的时候，基本上跌幅就比较缓了，这时用市净率来看企业的估值水平比较合适。长安汽车的历史业绩及估值如表 3.14 所示。

表 3.14　长安汽车的历史业绩及估值

年份	2010	2011	2012	2013	2014	2015	2016	2017
营收（亿元）	335	266	295	391	529	668	785	800
净利润（亿元）	20.4	9.68	14.5	33.7	75.6	99.5	103	71.4
PE	10.93	18.9	21.45	15.27	10.14	7.97	6.82	8.45
PB	3.25	1.24	1.99	2.84	2.99	2.3	1.67	1.27

通过上述统计，结合市盈率和市净率的估值，可以看出来，长安汽车的估值高点在 2013-2014 年，从市盈率估值来看，估值水平提升了

50%，从市净率估值来看，提升了100%，再加上业绩增长，从而实现了戴维斯双击。

也可以看出来，2010-2011年以及2016年之后，长安汽车业绩下滑，估值严重下滑，虽然在2011年市盈率比2010年还高，那是因为股价已经跌到了净资产附近，因此市净率从3.25跌到了1.24，实际上是被双杀了，而2016年之后，业绩下滑，估值水平相应下滑。其实从2015年开始，长安汽车的估值就开始下滑了，为什么？因为增速变缓了，2012-2014年均为翻番增长，而2015年增速下滑到不到30%，估值也下滑，所以需要特别注意的是，增长变缓也会引起估值下跌。在作者写下这些文字的时候，长安汽车的估值已经下滑到了0.7倍PB，也就是净资产的70%。

2. 杰瑞股份的戴维斯双击与双杀

通过上述统计，结合市盈率和市净率的估值，可以看出来，杰瑞股份的估值高点在2012-2013年，从市盈率估值来看，估值水平提升了50%，从市净率估值来看，提升了100%，再加上业绩增长，从而实现了戴维斯双击。从2014年估值开始大幅下滑，虽然从2015年开始市盈率大幅上升，但实际上是因为业绩下滑十分厉害，已经失去了用PE市盈率估值的作用，从而转为用PB市净率估值，市净率估值从最高的2013年的11.85跌到了2017年的1.58，下滑了70%，双杀。杰瑞股份历史业绩及估值如表3.15所示。

表3.15　杰瑞股份历史业绩及估值

年份	2010	2011	2012	2013	2014	2015	2016	2017
营收（亿元）	9.44	14.6	23.8	37	44.6	28.3	28.3	31.9
净利润（亿元）	2.82	4.24	6.43	9.85	12	1.45	1.21	0.68
PE	56.92	37.84	34.02	48.1	24.26	169.2	156.15	187.42
PB	7.3	6.24	6.95	11.85	3.72	3.12	2.48	1.58

小结：

投资者在投资过程中，充分地认识和理解戴维斯双杀是很重要的，普通散户对于投资的认知是比较滞后的，从上述两个案例我们可以看出，均为公司在业绩增速最快、市场最为看好的时候业绩突然变缓或者下滑，而这个时候其实是普通散户买入最多的时候，因为看多的声音最多。这个阶段，公司的估值最贵、业绩最好、增速最快，但高估值对应的是高预期，一旦不及预期，立马股价下杀，所谓的"雷"就出现了。最近一年多以来，这样的事情不胜枚举。因此，在某只股票最热、业绩最好的时候，自己一定要留个心眼，要认真分析这家公司的基本面，特别是成长性是否能够延续，自己心里没清晰之前千万不要开仓。

相反，在市场不是太看好的时候，有可能反而是大机会，因为这时股价最低，估值最低。如果深入研究自己能力圈内的股票，能够比较清晰地知道哪家企业在未来有着不错的成长性，那么就逢低潜伏，等待业绩爆发和市场发现其投资价值，从而获得戴维斯双击。例如在上述两个案例中，特别是长安汽车的案例，2012 年以前市场根本没有认识到长安汽车的潜力，但就在 2012—2015 年短短 4 年中，长安汽车最大涨幅超过 20 倍，业绩和估值实现了共振，其实业绩大涨的基础主要就是企业基本面在变好，2012—2015 年正是汽车大范围走向家庭的时间段，行业蓬勃向上，长安汽车正好处在这样一个非常好的行业之中，同时长安福特实施了 1515 计划，即 2015 年之前在中国市场投入 15 款新车，出现了几款爆品车辆，业绩实现了大爆发。因此，如果能够通过深入研究提前预判行业和企业的未来，在早期潜伏，那么就可以获得双击带来的巨额收益。

第 4 章

碎谈价值投资

本章主要内容包括:

➤ 价值投资, 请记得买的股票是公司的股权

➤ 投资谨防灯下黑

➤ 集中持股还是分散持股

➤ 关于杠杆

➤ 说说一个市值计算的公式

➤ 超额收益是对风险的补偿

➤ 高速成长股投资的误区及对散户的成长股投资方法探讨

➤ 高速成长股投资案例分析

➤ 普通散户的成长股投资逻辑

4.1 价值投资，请记得买的股票是公司的股权

我在传统金融机构有十年的工作经历，我遇到一个在投资方面很奇怪的现象，我认识不少做一级市场投资的朋友，做得挺好，严谨而规范，但不少自己也同时在做二级市场的朋友，表现却和做一级市场大相径庭。

一般来说，做一级市场的投资，需要经历很多手续和流程才能把钱投出去。首先是投资经理要去拟投资的现场进行初步调查，感觉不错再搜集初步资料，调研回来后其项目小组会进行讨论，然后根据搜集的资料撰写立项报告，报相关部门审核，待立项通过后就进入尽职调查阶段了。

尽职调查阶段是工作最主要的部分，除了投资机构要进场仔细调查之外，还要聘请会计师事务所、评估事务所和律师事务所共同进行调查。会计师事务所主要进行审计，出具审计报告；评估事务所主要评估公司的价值；律师事务所主要梳理公司存在的法律性问题和出具法律意见书。而投资机构在各中介机构调查的基础上，还要对拟投资标的的相关人员进行详细的访谈，以判断公司的投资价值。

一系列的工作做完后，得到了公司比较公允的价格，然后就是谈投资的价格和风控条件。对于投资的价格，如果企业是已经盈利的，那么主要还是以 PE 为主，如果企业很有前途但尚未盈利，那么一般以 PB 为主，最后双方经过多次交锋谈成一个都能接受的价格和拟入股的金额，同时把风控条件谈妥，一般来说会签对赌协议，约定几年上市，若不上市则要求按照约定成本回购，等等。

尽职调查完毕和条件谈妥后还不能投资，因为还需要报投资决策委员会投票表决。因此，投资经理把撰写好的尽职调查报告和相关的资料报送投资决策委员会。投资决策委员会经过资料后，一般会安排一个与投资经

理面对面的问答会议，金融行业称之为上会。上会完毕后，投资决策委员会成员会独立投票表决，同意或者不同意，还有一种方式是带条件的同意，例如要求估值再降降或者再加强风控措施，等等。带条件的同意又会带来很大的工作量，因为又需要与拟投资标的的管理层进行沟通。

一番折腾后，终于谈好，拟投资标的愿意接受投资，投资决策委员会也同意按照约定的条件进行投资，这笔投资终于可以投出去了。

投出去了就结束了吗？非也！因为还要定期进行投资后的管理，即需要定期跟踪投资标的的经营情况，并撰写投资后的跟踪报告，长期紧密地跟踪标的的经营情况。

最后，投资标的实现上市，或者被其他大型机构并购，或者将相应的股份出售给新进股东，实现赚钱退出。如果没有达到预期的约定目标，那么不好意思，请原大股东进行回购，无论如何也要把本钱和利息拿回来。

上述就是一个金融机构去投资一家实体企业的简单过程，时间少则一两个月，多则五六个月，真正地体现了投资的本质：投资就是买入一家公司的股权，公司经营情况好和前景好则估值高，公司经营情况差和前景差则估值低。投资经理关心的是公司的基本面，关心的是公司的行业、产品等以及最终是否能够和拟投资的公司谈好一个比较合适的价格。

但在二级市场，同样一个人，表现却完全不同。

没有了详细的尽职调查，没有了估值评估，甚至连招股说明书都懒得看，随随便便几十万元就买入了一个标的，每天的心情随着股价的涨跌而起伏，赚几万元则高兴得不得了，而亏几万元则一脸的阴霾。

投资者完全忘记了买入一家公司的股票就是买入这家公司的股权，把公司的股票当成了一个投机品。

其实，所谓的一级市场和二级市场，也就是公司所处的股票交易场所不同而已，但二级市场可以随时交易的特点，激发了人喜欢赌的天性，价格随时在变，那么就有可能博取差价的收益。前述章节也说过，这种赌的天性，是人的自然属性，不管是学问高深的教授，还是高智商的金融投行人员，还是一般普通老百姓，都有，避免不了。

因此，上述一级市场的投资经理在二级市场控制不了自己的交易行为，是完全可以理解的。在一级市场，投资是他的工作，必须在公司的规章制度规定的流程下进行投资，所以是实实在在地践行了投资而不是炒股，但有可能他本人对价值投资的理解并不深刻，在二级市场的操作是他的个人行为，天马行空，人的本性就暴露出来了。

另外，在投资中要获得大收益，必然要具备一定的忍耐力，即"延迟享受"。在一级市场，没有办法随时买进卖出，被迫延迟享受，而在二级市场随时可以买卖，随时有小差价可以做，可以即时享受，因此陷入了无脑投机的怪圈。

所以，**在二级市场做投资，一定要记得自己也是在做股权投资，买入股票就是买入公司的一部分**，那么买的时候就一定要调查研究公司是否值得买，买的价位高不高？如果能够用一级市场的思维理念和方法去做二级市场，那么价值投资其实就简单了。价值投资，说到底其实是一种商业思维，即站在企业经营者的角度来看这笔投资，视角就不再是公司股价的波动了，波动扰人心乱，但波动却和公司是否值得投资没有半毛钱关系。一旦以一个让自己内心舒坦的价格建仓之后，就不要管短期的涨跌了，短期被套是十分正常的事情，但股份却没有少一股，我们的目标是在较长时间之后。

对我来说，虽然二级市场的股价波动比较大，就算是自己认为的合适的价格买进去也大概率会浮亏长短不一的时间，但我更喜欢做二级市场，因为一级市场对个人来说太难，信息不公开，个人哪里有力量去做一级市场的财务投资？哪里有力量去做尽职调查呢？而二级市场中，公司的资料是完全公开的，其报表也是经过了审计，相比一级市场透明，因此无须去请那些中介机构。在二级市场中，我可以通过长期跟踪公开资料和偶尔去上市公司参观调研而慢慢看懂一家企业，虽然在二级市场也偶有上市公司大股东欺骗的行为，但怎么也比一级市场的黑箱子信息完全不透明强。

通过长期而缜密的跟踪来确定一家公司是否值得投资，然后再以一个比较公允合理的价格介入，持有较长的时间，随时跟踪企业后续发展的情况，这样的操作，大概率盈利。一旦想通，投资就简单了，但要真正想通，并不容易。

4.2 投资谨防灯下黑

灯下黑是什么意思呢？我特地百度了一下：

"灯下黑"原指照明时由于被灯具自身遮挡，在灯下产生阴暗区域。由于这些区域离光源很近，现引申为：人们对发生在身边很近事物和事件没有看见和察觉。

在股市当中，我发现两个很普遍的现象：

第一，很多优秀的上市公司的员工，根本没有享受到买自己公司股票上涨的盈利，因为他们根本都不买。

第二，很多股民根本不买本行业的公司的股票。例如，学医的要去买半导体的股票，而不买医疗股。

举两个亲身经历的案例。

我曾经在平安银行工作过。如果你和平安银行的很多员工聊过天，你会有一种感觉，就是这家银行基本面不好。

因为大部分员工不会说平安银行好。

为什么？因为我在平安银行工作的那两年，整体而言太难了，工作推动难度很大。那两年处于动荡期，一是高层管理人员的动荡，二是宏观政策的动荡，下面基层的员工很不适应新政策，一句话来说，按照以前的模式做业务不好做了。所以才有这样大范围的不适，因为以前日子过得太愉快了。例如，在之前，分行有较大额度的审核权限，一个项目从接手到拿到批文，不过一个月，而之后，因为风控压力的增大，为了控制风险，审批权上移到总行，这就造成了项目推动落地难度的加大。

所以在这种情况下，就会有大量的吐槽，因为普通员工只看到涉及自己利益的那部分不好，而很难看到本职工作之外好的地方。我自己的感受就是很少有员工来买平安银行的股票。

再说医疗行业，有位当医生的朋友来找我，问我半导体的股票。我说："你来搞什么半导体，去研究你的老本行吧，把你的老本行的相关上市公司研究研究，挖两个有潜力的标的出来。"他对我说，他那个行业，就没有好的公司，好的公司都是国外的，国内的技术力量都不行。其实返回来看，过去医疗行业是出现了大量的牛股的，现在也是，未来肯定也是。

怎么会出现这种现象呢？其实这就是一种灯下黑的现象。看东西看得太细了，沉浸在细节之中，而没有看到整体。沉浸在树林之中，而没有看到整个森林。

看得太细，看到的都是公司的缺点而没有发现公司本质是一家优秀的公司。

看得细没问题，其实我们研究公司，越细越好，但是绝不能沉迷在这种细节之中。

再返回来看平安银行，在目前的宏观大背景下，向零售转型的这种策略是极其正确的，而且依靠强大的大股东平安集团向零售转型的难度要比其他银行要小得多。然而大部分员工只看到了与他工作息息相关的不如意的细节，而没有看到整个战略的高明之处。

每家上市公司、每个行业都有它的不如意之处，没有十全十美的公司，如果只看到缺点，而看不到优点，那么你永远也看不到这家公司的未来。

看不起自己行业的上市公司，也是这个道理，因为太熟悉了，对每个缺点都很熟悉，那么肯定也不敢买相应的股票。

所以明白了这个道理之后，一定要认识到自己认知的不足，要了解细节，但应该跳出细节看格局，这样你才能看到一家上市公司的未来，从而做好投资！

因此我认为，每个人最好的能力圈，就是研究自己本职工作所处行业的上市公司，要研究细节但一定不能陷入细节里面去。

4.3　集中持股还是分散持股

关于集中持股还是分散持股的问题，困扰着很多人，我也一样。各类经典投资类书籍对此问题也纷说不一，有些建议集中持股，有些建议分散持股，有谚语"鸡蛋不要放在同一个篮子里"，但又有巴菲特规模巨大的资金却集中在少数的股票里，那么到底对这个问题该怎么看待呢？

还是回到分析这个问题的优劣方面上来。

集中持股的优势有两方面：一是可以聚焦，聚焦到少量个股方面上来，聚焦就可以更加深入地进行研究；二是出现好机会的时候集中重仓就能大赚。在市场久一点的股民应该都有抓到牛股的经历，但绝大部分因为持仓过于分散而导致对市值增长的作用有限，从而没实现大赚。

但劣势也很明显，如果不幸判断错误，则亏损会较大，特别是近年来层出不穷地出现个股的黑天鹅事件，少则腰斩，多则若遇到长生这样的则有全军覆没的危险。

而分散则可以有效地降低风险，但失去的就是收益。理论上，越分散就可以越降低个股的风险，但宏观的系统性风险还是不可避免的。对普通散户来说，天生都有信息劣势，再加上研究能力的不足，这种时候，适当地分散规避黑天鹅风险是不错的选择，但确实影响了收益。

那么，应该怎么办呢？

我也是普通散户，以前我的做法与大量散户的做法一致，就是听介绍买股，本身资金量不大，东买一只西买一只，却有七八只甚至十几只股票，结果对每一只股票都研究不够深入，很多股票也是听信各种信息渠道来的，但这样的分散到后面不仅没有带来收益，最终也还是没有逃过系统性的风险，还是亏损。

最后，我还是慢慢地走到相对集中的方法上来了。试问，什么情况下才敢集中买入？答案就是心里有底才敢集中买入。没底的话是根本不敢重仓买入的。为什么不敢减少股票数量重仓两三只甚至一两只？研究深度不够，对公司的理解不够，因此内心担忧，确定性的研究深度不够。

通常，一些大型基金都会选择用投资组合的方式，通过多样化的投资保证收益并降低风险，但对我们这样的中小投资者而言，由于资金有限，集中投资往往会带来更好的收益。

说白了，无论是分散持股，还是集中持股，无非就是确定性的问题，而散户的劣势在于资金量小，研究精力不够，能力圈不够宽广。因此，散户只能够集中精力打歼灭战，在自己熟悉的领域进行集中操作，其投资成效可能会更好。所以又回到能力圈这个词上面来了，一定要在对极少数能力圈内的股票了解得非常透彻的时候集中去做。

但独仓一只股我还是没有勇气，因为虽然踩黑天鹅是小概率事件，但一旦踩到就会大比例亏损。所以我认为集中精力做 2-3 只自己能力圈内的股票，储备 5-10 只作为长期跟踪和替补，滚动操作，是比较适合普通投资者的。

如果做不到这点，没有一定的研究能力和能力圈，那么还是分散持仓，买入市场公认的优质个股，安全性还是可以得到提高的，但牺牲的还是收益。

4.4　关于杠杆

2015 年的股灾让人刻骨铭心（我侥幸逃生），其给人的经验和教训是非常深刻的。这一波股灾，让人认识到了两个字：杠杆。2014-2015 年的牛市和股灾，是中国证券史上第一次因杠杆而形成的牛市和股灾。

在那次股灾之前，普通大众可能对杠杆还比较陌生，但血淋淋的爆仓之后，杠杆这个词，也应该深入到每个人的内心了。

2015 年，我全程未使用直接杠杆，融资融券都没有开，这让我成了为数不多幸免的人。而我周围亏损几百万元、上千万元的人，大有人在，无一例外都栽在杠杆上。被杠杆害得最惨的人，陷入了破产的境地。

杠杆这个东西，用得好，就是天堂，用得不好，就是地狱。我对杠杆的认识如下：

简单粗暴的杠杆，对一般人而言真是恶魔。普通散户还是不要去玩什么场外场内配资，特别是搞短线的人，千万不要用直接的杠杆。期货市场是杠杆投资的典型，但炒期货的胜率是多少呢？不到 1%。连叱咤风云的几个期货大佬，要么破产，要么进监狱，要么就是自杀。大佬都如此，小散还想玩杠杆？

仅从场内杠杆来说，股票的风险要小得多，所以券商都开通了融资融券的业务，最高比例 1 ∶ 1 的配资，也就是说只要不连续跌停，基本上是有出来的时间和空间的，爆仓的概率极其小。而股灾中这种小概率事件硬是发生了。

我的一位朋友，辛苦二十年，将几百万元投到股市里，之前也是坚决不加杠杆，但经不住证券公司的软磨硬泡，说这种加杠杆的方式几乎完全没有风险，于是在 2015 年 4 月份开了融资融券，到 6 月份股灾前大概有

1000 多万元，一两个月就赚了几百万元。当时他还跟我说这个加杠杆加得好，喊我也赶快开通。结果股灾来了就傻眼了，根本卖不出来，几乎所有的股票天天跌停，几个跌停就到了平仓线附近，最终在大反弹前被强行平完了，多少年的心血毁于一旦，欲哭无泪。我有位朋友说，那段时间每天出去一辆劳斯莱斯，晚上通宵睡不着，心一阵阵的痛。

所以，这种简单粗暴的杠杆对普通散户而言就是恶魔。为什么前面要加个"简单粗暴"呢？我的定义中，**只要会较大概率涉及爆仓风险的杠杆，就是简单粗暴的杠杆，坚决不能加**。就算是小概率事件，也不要去加，因为只要发生，就是倾家荡产。用杠杆，最重要的是对杠杆的管理，对杠杆系数的控制，然而普通散户又有几人能够驾驭这个简单粗暴的杠杆呢？

从股灾之前的牛市到股灾期间我对散户的观察来看，基本上都是所有仓位一把梭，全部买入。这哪里是买啊，这完全就是赌。

当时我硬是抑制住了内心的贪婪，顶住了外面的诱惑，没加杠杆，哪怕周围的人天天赚几十个点。股灾期间，正好我处于换工作的间隙期，比较自由，因为我没加杠杆，我才能够有比较轻松的心情在外悠然旅游，因为我知道我不会爆仓，虽然我市值曾回撤 40%，但最终 2015 年盘算下来，得益于四季度的反弹，我还赚了不少。

但另外一种杠杆我是要加的，就是不会涉及简单粗暴爆仓风险的杠杆，即长期杠杆。其实股神巴菲特也是加了杠杆的，虽然巴菲特告诫我们不要加杠杆，但他的杠杆和我们普通人说的杠杆还真不一样。巴菲特利用伯克希尔公司的资本参股保险公司，后者成为巴菲特的"永久杠杆"，不仅为巴菲特提供了源源不断的巨额低成本保险资金，还让他能够大规模收购企业或投资股票。这类资金，类似于永续杠杆，基本上是不用偿还的，只需要一直付利息即可。

而我的杠杆来自房贷和其他长期资金。如果房贷都不贷，那么的确是对理财没什么认知了。

假如我买了一套房，当时我手里有一笔钱，可以选择全款，也可以选择高首付从而减轻还款压力，但最后我选择了最低首付，把节省下来的钱投入股市中。房贷的好处一是成本特别低，我贷的是公积金与商业贷款的组合，公积金贷款 3.25% 的利息，商贷是 85 折，4% 多一点，只要拉长投资期限，这笔钱拿去投资的话，资金成本我还是有很大的把握能够赚得回来的，并且我几乎不会因此逾期或爆仓，贷款 30 年，每个月还款仅几千元。我在想，未来 30 年我连每个月几千元都还不起的概率几乎为零吧？我把这笔钱投入股市中，就算极端时刻下跌 60%，下跌 80%，也不会有爆仓的风险，我只需要有一份工作或者其他渠道的源源不断的收入来覆盖每月几千元的房贷还款，我就不会爆仓。

另外得益于这几年我对投资的理解逐渐加深，逐渐有了把握，我把父母存在银行定期的部分资金也借了过来，给父母开出了 3 倍于银行定期的利息，对于这笔钱我也没有还款压力，长期可以占用，所以也不会有爆仓的压力（但个人建议在没有一定投资经验的时候千万不要去动用父母的养老钱，市场太凶险）。

所以，对于那种简单粗暴会因此平仓的杠杆，一般散户还是坚决不要加，因为驾驭不了，就算之前赌对了 N 次，但只要不离开这个市场，一旦赌错一次就是全盘皆输。但对于长期杠杆，还是可以适当加的，毕竟自有本金来慢慢滚动，还是很慢很难的，我们大多数人是普通家庭，得靠自己慢慢攒钱，在前期工资也不会太高，我在开始工作那两年工资仅够糊口，后来个人成长起来后工资逐渐提高才有了部分资金，因此是不会有太多的资金存下来进行投资的。所以类似房贷这样的长期杠杆，一定要最大幅度地加满（当然个人要能够承担得起每月的还款金额，否则也是有资金链断裂的可能的）。

4.5　说说一个市值计算的公式

有一天我和朋友聊天，聊到亏损的这个问题，忽然发现周围几乎是没有人长期以来从股市里面赚钱的，那么赚的钱到哪里去了？因为财富不可能平白无故地消失。

一个注定绝大部分人会亏损的市场，这样一个大火坑，为什么还有若干人要往里面跳？

因为这个市场给了人们一个幻象，可以发大财！对的，发大财。90%的人的白骨累累堆积了极少数的财富盛宴。

毕竟这个世界上没有任何一个工作可以让你轻松赚大钱，那些在股市里面享受了财富盛宴的人，哪一个不是经历了白骨阶段，从而悟到投资中最简单的东西，做到知行合一？

只是，大部分人不想经历这个痛苦的悟道阶段，而直接想进入轻松赚钱阶段。

面对暴跌，面对市值缩水，不抱怨，不恐惧，静下心来，静静地思考、总结，日拱一卒，必然能够走向悟道之路。

这个计算市值的公式就是：市值 = 盈利 × 市盈率。

为什么要来说这个公式呢？因为这个公式背后的东西就是财富的秘密。

这个公式其实太普通太平常了，因为在经济学、金融学、投资学的书本中，无数次地提到这个公式。这个公式其实就是投资的真谛和最核心的东西。

市值增加，则赚钱；市值减少，就亏钱。

市值是由两个变量决定的：一个是公司的盈利水平，另一个就是市场给予公司的估值。

如果市盈率不变，而公司的盈利增加，则市值变大，赚钱。

如果公司盈利不变，而市盈率变大，则市值也变大，赚钱。

如果公司盈利增加，而市盈率变小，则是否赚钱还得看哪个变量变得大一些。

如果公司盈利减少，而市盈率变大，则是否赚钱也得看哪个变量变得大一些。

如果公司盈利减少，市盈率也变小，则亏钱无疑。

公司盈利增加，市盈率变大，叫戴维斯双击。

公司盈利减少，市盈率变小，叫戴维斯双杀。

在两个变量中，我认为，盈利的重要性是高于市盈率的重要性的。

如果把关注的重点落实在盈利上面，则偏向于定义为价值投资者。

如果把关注的重点落实在市盈率上面，则偏向于定义为投机者。

我对投资和投机的理解，区别就是：**投资是赚取企业在不同阶段的钱，不同阶段的企业，不是同一个企业；而投机是赚取同一个企业不同定价的差价。**所以投资和投机，本质上是完全不同的。

为什么盈利的重要性远远高于市盈率的重要性呢？因为盈利在两方面比市盈率更好把握。

1. 更容易落实确定性

如果深挖一家企业，而且长期跟踪，那么关于公司好还是不好，基本上心里就会有比较大的把握，而且，在某些时候，完全可以通过公司的公开信息，大概准确地测算出公司在未来一定时期的业绩，准确掌握公司的发展前景。深度了解了公司的发展前景，就可以让人很安稳地在震荡期拿住公司的股票，从而享受长期的盈利增值的收益。

而市盈率呢？还真是不好把握，市盈率的变量太多，是市场乌合之众，布朗运动的无规则运动以及市场资金面共同决定的结果。到底多少才是低，多少才是高？例如，之前大蓝筹的市盈率20多倍了，但各个媒体说资产重新定价，不高，结果一下跌了。再如，长安汽车，市盈率一直没有超过10，按理来说低了，但怎么一直不都涨？

2. 空间更大

对企业的盈利来说，干得好，企业可以持续不断地增长下去，没有天花板，从而无限地推高企业的总市值。例如，万科上市二十几年，盈利从几千万元到了几百亿元，股价从而也涨了几百倍。

市盈率可以无限地涨下去吗？以创业板为例，2012年的极限最低值是在28倍，极限最高值是在2015年的杠杆牛市中，超过140倍，也就是泡沫的极限。因此，再怎么折腾，也就是在这个区间内进行折腾。大蓝筹的折腾区间更小，除了2007年的癫狂期到了令人匪夷所思的阶段外，其他时候都不温不火，这次上证50牛市，也就是从几倍做到20多倍就崩了。

所以**我认为还是要落实到业绩这个核心指标上来，盈利才是公司的核心价值**，而落实核心价值在于深入研究公司的基本面和成长性。转了一圈，还是落到这句说了无数遍的话上面来，好公司，有成长性的公司。而公司的市值，无非就是围绕着公司的核心价值而上下波动，只要公司有很好的成长性，那么它的市值上涨曲线，一定是波动向上。

对于很难把握的市盈率，我们只能从历史数据中来看。历史的市盈率中，如果低于平均值，就可以慢慢关注。如果大幅低于该公司的历史市盈率，那么一定是可以用重仓位干的事情。如果大幅高于历史平均市盈率，那么一定得警惕，虽然有时候泡沫会把市盈率推到天上去，但大幅高于历史平均市盈率的情况，一定不是可以大量买入的时候。

4.6　超额收益是对风险的补偿

通俗地说，即买股票就是有风险的。风险和收益是成正比的，**这世界上没有高回报而没有风险的东西。**

风险最小的投资品是银行存款，但收益也最低。**我们在股市上追求高收益承担的就是高风险，获得的高回报就是放弃了低风险和低收益。** 也是因为我们承担了较大的风险，所以投资赚钱实际上是对我们的补偿。

我把股票的成长分成三个阶段，第一个阶段叫牛一阶段，就是公司从才上市到成长为大白马的阶段。

以茅台为例，它上市这么多年，市值从几十亿元到最高的一万亿元，股价涨了一百多倍。如果在前期有人发现它的价值，并持有至今，那就是投资界的传奇。茅台才上市的时候，不过几十亿市值，谁能想到它能够长成今天的巨无霸？在它的成长期间，若干的利空在等着它，任何一个利空都有可能把它打得体无完肤。那个时候买入茅台的人会承担巨大的风险，当然收益也最高。

第二个阶段是从几百亿成长为几千亿的时候，也就是所谓的白马牛二阶段，这个时候就看得比较明白了，风险比较小，持有至今也应该会获得十倍收益，这个阶段应该是几家大的酒企争夺行业第一的阶段，包括五粮液曾经试图挑战茅台第一的位置，并且曾经阶段性地超过茅台。

目前的茅台，处于独孤求败阶段，也就是牛三阶段，长期持有风险极低，行业第一位置牢不可破，但收益应该是最低的阶段。

所以本质上来讲，超额收益是对风险的补偿。 如果你能在牛一阶段认识到这家公司的长期投资价值，那么你会获得巨大的收益，犹如段永平在网易身上获得了超百倍的收益，但在前期承担了巨大的风险。一家非上市企业发展对外融资，通常有天使轮、VC轮、PE轮、PRE-IPO轮等多轮融资，越到后面确定性越强，但收益也越低，二级市场投资也是一样的道理。

牛三阶段的股票，在全中国找不出几家，但不能说它没有风险，只是风险极低罢了。再如茅台，万一哪天，赤水河发大洪水把茅台镇给淹了呢？诺基亚都会倒塌，它为什么不会倒？20年前长虹如日中天，但谁知道后面居然变成这个样子呢？所以还是得保持跟踪和关注。

因此，投资小市值成长股本身就是承担了巨大的风险，这对人的认知能力要求很高。一家公司在成长的过程当中会有很多的风险，如何及时对冲小市值成长股票的风险？还是能力圈，深耕自己能力圈内的股票，保持对它最紧密的跟踪，掌握它潜在的风险点（也就是雷）。如果超越自己的能力圈去搞股票，那么长期下来你一定会体无完肤。

对于投资，投资者一定要用更长的时间段和更宽的视角来看，切勿把视野限制在一些具体的事情之中，还有就是自己一定要懂，做自己看得懂的股票，不懂不投。如果自己有能力在早期看清楚一家企业的商业模式和成长前途，那么你就可以赚到比别人更多的利润；如果没有看清楚就投，就是瞎买。不懂就投是大多数人的毛病，这种投资方式本质上是赌，赚和亏纯属运气。

能从几十亿市值的公司成长为几百亿市值公司的不会超过10%，从几百亿成长为几千亿的，同样也不超过10%。20世纪90年代上市的企业，现在还活在资本市场上的，凤毛麟角，数来数去，也只有万科、格力这么少数几家。

4.7　高速成长股投资的误区及对散户的成长股投资方法探讨

从 2016 年熊市开始以来，有很多投资高速成长股的朋友可能比较难受，就是自己所投资的股票，很多业绩仍然高速增长，而股价不涨，甚至股价反而下跌导致自己亏损的事情发生。

有的投资者甚至还遇到了表面上看着非常优质和不错的公司，突然出现了黑天鹅事件，导致巨亏，例如乐视网、神雾系等。

这是为什么呢？

4.7.1　先从我国说起

我们伟大的祖国超高速发展了 40 年，已经成为世界第二大经济体，体量巨大。

在中国已经这么发达的情况下，全世界却不乏唱空中国的声音，为什么？因为有这样一个词摆在那里：**中等收入陷阱**。目前，我们国家人均 GDP 即将突破 1 万美元，正在向发达国家序列进发。

但世界上绝大部分发展中国家，倒在了中等收入向发达国家的进入门槛上，没有突破中等收入陷阱，据统计，"二战"后 70 多年，世界上只有 12 个国家和地区突破了中等收入陷阱，其中亚洲只有日本、韩国、新加坡等少数国家迈入了发达国家序列。为什么其他国家如阿根廷、泰国、马来西亚等均倒在了这个门槛上呢？

我们国家是否有希望突破中等收入陷阱呢？

这里，我来简单说说我们国家这 40 年来高速增长和面临的过去、现在和将来的逻辑。

A股价值成长投资之路

我们国家从一穷二白走到现在的世界第二大经济体，由几大因素决定。

一是制度红利。 改革开放后，放开了计划经济，在农村实行了家庭联产承包责任制。仅仅就是这个政策，瞬间激活了民间的生产积极性，经济得到了很快的发展，解决了中国人吃饭的初步问题。在20世纪80年代，不需要人有多大的能耐，不需要什么知识和文化，只需要胆子大，就可以赚钱，这是第一波制度红利。从90年代到前几年，是第二波制度红利，怎么解释呢？依靠的是全面走向市场经济，更加向国外开放和释放土地的价值。在这一波红利中，对外主要吸引了投资，引进了技术，对内从制度上彻底地走向了市场经济和给予实物资产如土地的定价问题，继续刺激中国经济发展。

二是人口红利。 人口红利又分为两方面：一是巨大的廉价劳动力，使得中国产品在世界范围内具有价格优势；二是中国巨大的人口基数形成的购买力，就像有人说的，只要每个国人每年消费一瓶可乐，形成的就是几十亿元的营收，这，很不得了。

三是中国人的勤劳。 中国人的勤劳，世界罕见，因为中国人穷怕了，一旦有了那么一点甘露，则无论在什么地方，都可以生根发芽，茁壮成长。农民工可以为了加班工资，每天主动加班工作16小时，中国大城市的白领，可以白加黑，5+2，睡在办公室。中国搞一个产品，1个月就可以，而国外则要3个月。

四是超高的金融杠杆。 这个因素其实可以归结到制度红利中，但我这里单列出来，是因为有特殊的含义。因为一切的发展都离不开一个字，钱。因此金融是贯穿所有产业的核心要素。例如，我们的地方政府，融资的杠杆很大，靠金融系统的资金建设了大量的基础设施，然后再靠土地等资产的增值和未来的税收作为偿还手段。例如，我们的企业也是靠着巨大的杠杆，迅速发展壮大，中国制造席卷全球。中国的老百姓也是借助银行的贷款杠杆，推高了房地产的价格和赚到了大笔的钱。

但以上几个要素，在中国面临中等收入陷阱的关键时刻，已经很难起到推动作用了，为什么？

在制度红利方面，已经不会有什么短期政策可以迅速刺激中国经济了，最多也是修修补补。在我的认知范围内，真还想不到有什么政策可以迅速地解放生产力了。

在人口红利方面，中国人口结构逐渐进入老龄化阶段，还靠以前的低人工成本来形成产品竞争力的方法，已经行不通了，人工成本的高涨，使得大量的低端劳动密集型企业无法存活。

在勤劳方面，我仍然认同，因为这是中国人延续了几千年的优良传统。但是，光靠勤劳是无法全民致富的，最多也就是保证了全民温饱或者小康而已。举个简单的例子，以手机产业链为例，如果没有自己的定价权，那么国内所有的手机无非就是赚个人工费，就算是工人全部加班加点地生产，而大头却被生产芯片的具有核心技术的外国企业赚走了。而且，随着中国全面进入小康，"90 后"和"00 后"的长大，再如父辈般的勤劳已经不太可能。

在金融杠杆方面，整个社会已经无法承受杠杆之重。中国的广义货币供应量和整个经济总量之比已经非常高，也就是说，投入相应的货币所产生的边际效益是递减的。例如，十年前投放 1 元货币可以产生 1 元 GDP，那么现在有可能就只有 5 毛钱了。再者，地方政府的杠杆之高，已经危及经济的发展，甚至会出现地方政府违约。因为地方政府所依赖的土地经济已经无法继续维持。在企业杠杆方面，超量的货币可以形成短期的经济繁荣，但当潮水退去，才知道谁在裸泳。

最近有一个非常热的词，叫**有质量的增长**。这，就是破局的关键。

我们可以再对一些国家和地区进行对比。

突破中等收入陷阱的国家，日本有松下、日产、本田等知名企业，韩国有三星、LG、现代等知名企业；新加坡由于地理原因，制造业不发达，但服务业却非常发达，新加坡也有星展银行、大华银行等知名金融企业和著名的淡马锡主权基金。

那么，没有突破中等收入陷阱的国家呢？大家能叫得出来几个世界知名企业？有可能会是零星几个企业，却不是像这些发达国家一样，有一大批优质的企业。

所以，说到这里，就已经比较明白了。

之前刺激中国经济 40 年超高速发展的要素，制度红利、人口红利、勤劳和通过杠杆产生的巨量的货币已经无法再推动中国经济持续稳健地高增长了。

具有自主的知识产权的专利、产品的定价权、品牌、具备世界水准的高精尖技术等，才是未来我们需要的。这一切，就凝结在了**有质量的增长**这几个字上。有质量的增长，可以让我们国家进入发展的另一个阶段，从容而淡定，笃定而坚毅。

最近我发现一些有意思的现象，就是地方政府已经开始不愿意把地卖给地产商了，而更愿意以极低的价格卖给优质的制造型企业。为什么，税收。如果卖给地产商，那是一锤子买卖，就算卖了几十亿，但以后就没了，而给优质制造型企业呢？那税收是源源不断，每年都有。

我是坚定地看多中国，我是相信我的国家会进入发达国家序列的。

大家读到这里，可能会迷惑，标题不是成长股陷阱吗？为什么写这么多关于国家发展的事情？

且慢，听我下节慢慢道来。

4.7.2 发展中国家与成长股

一个发展中国家向发达国家发展的态势，和一个成长股成长的阶段太相似了。

上面码了这么多字，无非是说明这个道理，我们国家依靠外部要素的刺激，快速发展了 40 年，但刺激我国高速发展的要素，已经慢慢失去了效用，甚至有可能是负效用，在这个关键时刻，必须得靠自己的核心竞争力，即高质量成长，来从容跨过中等收入陷阱。

我们可以把一个国家也看成一个企业，因为太相似了。

其实很多国家从人均几百美元发展到人均几千美元，根本就是外部环境的变化带来的增长而不是自己的核心竞争力加强。例如东南亚的国家，20 世纪 50 年代以前，是战乱时期，大家都穷，没办法发展。战乱结束，国家统一，制度建立，突然就有了发展的基础，再加上廉价的劳动力，陆续地承接欧美国家的产业转移和挖掘本地的资源优势，很轻松地成长了二三十年。然而，在这个过程中，这些国家并未建立起自己的核心竞争力，在面临中等收入陷阱的时候，无法突破，从而沉沦。

10% 的突破率，这是全世界突破中等收入陷阱的国家的突破率，很低很低。

再从企业来分析这个问题。

暂且不管企业的产品竞争力如何，一个企业的上市，可以看成突然得到了制度红利和外部环境的变化。因为企业在未上市之前，制约企业的瓶颈是非常多的，企业组织结构、人才、产品和资金等，无一不是制约企业成长的因素，而资金是最大的困难。

企业一旦上市，则这些制约企业发展的问题就得到了极大的改善，其中最重要的就是钱的问题，这就是制度带来的最重要的红利。就算企业的产品没什么竞争力，但一旦有钱了，至少我可以投几条生产线，然后出来的产品怎么也会增厚公司的业绩，然后企业有钱了，享受二级市场的估值红利，可以发定增募集资金，可以发股份来购买资产，股票还可以质押融资来壮大规模。上市了，身份不同了，可能以前看不上的银行，也全部蜂拥而来给企业融资。企业有了钱，怎么也会增厚公司的业绩，实现增长。

所以在前期，很多企业老板会发现自己突然"厉害"了，然后飘飘然过了好几年，这里的企业老板又分成两种。

一种是不思进取的老板，上市之后，自己也没那么努力了，关键是自己的资产值钱了，然后就靠卖资产活着，体现在二级市场上，就是逐步地减持，或者是大量地套钱出来做其他的产业在体外搞，去搞非主业的东西。这就有点像世界上的那种纯资源国家，突然暴富了，但从来没有想过把资源用来深加工，而是单纯地卖资源，这种国家也是没有前途的。同理，这种企业也是没有前途的。

另一种是想干事的老板，上市之后，就利用上市公司的平台，大量地扩张，依靠高杠杆、高负债和持续的融资，支撑企业的高速发展。这就像极了我们现在的冲刺到中等收入陷阱附近的国家，这里又分为两种：一种是可以突破中等收入陷阱的，另一种是突破不了中等陷阱的，核心就在于：**有质量的增长。**

不能突破中等收入陷阱的国家，这些国家几乎没有自己的核心产业链，没有自己的金融体系，受制于欧美国家。这怎么能突破呢？

我之所以相信我们国家能够突破：**第一**是因为在这几十年里，我们逐渐建立了自己的体系，慢慢地可以不依附欧美国家。在世界 500 强里面，我们已经有一百多家企业，其中不乏大量的民营背景的公司。这是我们有理由看多中国的核心。**第二**是政府已经认识到了依靠极高的金融杠杆来推动经济的增长是不可持续的，因此在通过强有力的手段来让金融回归支持实体经济的本质，让整个国家的金融杠杆降下来，这就是避免国家在迈向发达国家的路上的金融风险。**第三**是我们国家有强有力的政府，可以集中力量办大事，可以迅速地执行下去，而不像其他国家，在一件事情上吵两三年也没有结果。

再比照到企业来，企业在前期享受到上市的红利之后，在面临成长性陷阱的时候我们来判断一家企业能否突破，其核心的关键也在于有质量的增长，这个判断的标准很复杂，但如果大概判断的话，最简单的指标就是经营性现金流，可以不再依靠上市公司带来的红利，可以不再依赖大量的融资和高负债来维持企业的高速增长，然后企业在产业链条当中有较强的话语权，有自己的知识产权和品牌，有自己的核心竞争力，那么这家企业我们就可以战略性地看多。

其实写到这里了，基本上我要把我想说的写出来了，一个企业上市之后，依靠上市公司的红利，大部分都可以带来几年的业绩增长（请注意这里不是指的股价增长），然后几年之后，是骡子是马，在这里就要分化了。

但是**散户可悲的地方在于**，很多散户在企业享受上市福利带来的增长末期，才纷纷看好企业的发展，而不去分析企业是否具有突破成长性陷阱的可能，从而套在山顶上。因为在那个时候，这个企业仅从数据上来说是发展最快的阶段，然而散户是根本没有能力去分析企业到底是不是有核心竞争力。企业成长性就看看会计报表的利润增幅？有这么简单就好了。

乐视是大牛股，现在是大熊股，但很多散户是在市值 1000 亿以上，在所谓的高成长的光环下，去高位接盘，类似的还有神雾环保、坚瑞沃能等股票。例如坚瑞沃能，2016 年经营性现金流为 −21 亿，还敢买？上述是已经步子迈得太大，已经出了问题的企业。还有大量的，没有出现问题，但是很有可能要陷入平庸的企业。

这些企业不是不可以做，如果你从乐视市值几十亿，拿到几百亿出来，那你就是一个高人，为什么还会在上千亿去买乐视的股票呢？

在这种模式下，很多企业会依靠制度性的红利，只要在前期上市的时候不会爆炒，很多股票都会有几倍的涨幅，把制度性红利用完的时候，就要看自己的真本事了。

再和国家做对比，一类就是暴发户，依靠资源暂时性发财的国家，例如委内瑞拉（石油）、刚果金（钴）等，这些国家，是不能持续看多的，对应着上市公司的就是上市之后，拿着钱去买理财，不投入生产的企业，或者是拿着钱，跨行业并购瞎搞的企业，坚决不能投；第二类就是有一定基础，努力发展的企业，例如现在的越南、埃塞俄比亚，不瞎搞，解放生产力，这类国家会在初期实现较高的增速，但最终会遇到中等收入陷阱，对应着上市公司就是上市后实际控制人有事业心，专业专注，这类企业会在一定的时期内发展得非常好，但在一定会遇到成长性陷阱。

企业遇到成长性陷阱在 A 股是个大概率事件，其背后的原因就是如上，企业的上市红利已经不能起到作用了，而超高速成长的背后，必然是大量的金融杠杆支撑企业的成长。其实，连续 50% 的增长，本身就不能是一个常态，因为必然要依靠外力才能实现。

企业在遇到成长性陷阱的时候，一般会有以下几个特征，一是会计利润增速依然非常高，但其实背后是超级高的金融杠杆和大量的应收账款堆积起来的利润，二是估值非常高，因为对未来预期好吧，超过市场平均估值，当年乐视网估值甚至高达 200 倍以上，三是并购重组等事项非常频繁，商誉不断的堆积，四是不断地在资本市场进行融资，五是经营性现金流跟不上利润的增幅。

上述五个特征是高速成长股所面临的共同的问题，在这里，定义一下高速成长股就是年利润和营收均超过 50% 的情况，一般来说，这种连续的高增长，本身就是一种不可持续的事情，总有一天会遇到上次我们所说的成长性陷阱。据观察，一般企业会在市值几百亿的时候遇到，当然这个具体多少亿市值和当时的宏观环境有关，如果是在熊市的话，可能是在 200 亿的时候就会遇到，而如果是大牛市的话，可能是要上千亿才会遇到，例如乐视遇到瓶颈的时候，是不是就已经是一千多亿了。

为什么在几百亿的时候会出现这个问题，其实道理很简单，在企业很小的时候啊，可以依靠老板自己的能力维持住，而在企业市值几百亿的时候，经过了几年的高速增长期，对管理、制度、人才、融资能力等要求就比较高了，这时依靠老板的个人能力已经不能驾驭整个企业，因此这个时候就是最容易出现问题的时候。

讲到这里，可能大家都大概明白了，为什么近一两年来持有三聚环保，持有利亚德，持有神雾系等个股会这样痛苦，就是利润继续涨，而市值不涨。因为市场在观望他们是不是能够转换到有质量的增长上面来，能不能突破成长性陷阱。

如果搞投资，只看营收和利润增长，只看市盈率就可以赚钱的话，那么大部分人都可以不用上班了。真的，没这么简单。

当然，如果一直是靠自己的内生因素形成的增长，一般来说是不会遇到很大的成长性陷阱的，这就是另外一回事了，本文暂时不谈。

在这里，举两个具体的案例来分析。

4.8 高速成长股投资案例分析

4.8.1 利亚德案例分析

整体来说还是一只大牛股，不过最近大半年股价大幅下跌。利亚德股价走势图如图 4.1 所示。

● 图 4.1 利亚德股价走势图（前复权）

再看历史市盈率。利亚德历史估值情况及业绩如表 4.1 所示。

表 4.1　利亚德历史估值情况及业绩

年份	2012	2013	2014	2015	2016	2017
PE	21.27	32.74	43.73	52.08	38.76	29.70
PB	2.37	3.53	6.67	7.96	6.16	6.37
营业总收入（亿元）	5.69	7.78	11.8	20.2	43.8	64.7
每股收益	0.62	0.53	0.52	0.48	0.87	0.74
每股经营性现金流	−0.80	0.04	0.26	0.15	0.02	0.48

历史最低估值 20 倍，2015 年最高估值超过 50 倍，2017 年跌回 30 倍以下。

财务数据显示，利亚德从 2012 年开始起高速增长，其中有 4 年是翻番左右的利润增长幅度。5 年时间从 5000 多万元的净利润增长到了 12 亿元。

但这个增长其实是质量非常低的，可以看一个指标，叫作每股经营性现金流，甚至在 2016 年，只有不到两分钱。

再看一看利亚德最近几年的融资情况，如表 4.2 所示。

表 4.2　利亚德融资情况

年份	融资模式	融资金额
2012	IPO	3.62
2013	非公开发行募资	2.70
2014	非公开发行募资	9.53
2015	非公开发行募资	15
2016	非公开发行募资	12

利亚德每年都从资本市场进行股权融资，已经融了 40 亿元以上，而债权融资就更多了。利亚德发展到了后期，发展越快对资金的需求就越大，因为只有大量的资金才能维持其超高增速。

所以我们可以看到，虽然 2015 年和 2016 年利亚德的增速都有百分之百，但资本市场的令人担忧之处就体现在了股价上面。2016 年以来，利润翻了两番，然而股价却只涨了一倍，估值被打下去了一半。实际上利亚德

5 年 30 倍的涨幅，其中有 15 倍是前三年实现的。在整个 2017 年，利亚德处于宽幅震荡的一个态势，很多高位追进去的朋友，可能难受了大半年。

2018 年，随着业绩的降速，利亚德股价大幅下跌。

4.8.2 神雾环保案例分析

如果说买了利亚德的股民只是短时间受折磨的话，而买神雾环保的股民，真的是内心要滴血了。因为，企业崩了。

先看股价走势图，如图 4.2 所示。

● 图 4.2 神雾环保股价走势图

股价先涨 10 倍，然后横盘一年多，最后崩盘。

神雾环保业绩情况如表 4.3 所示。连续几年营收和净利润是每年几倍的增长，营收 4 年从 2.77 亿元增加到 31.3 亿元，净利润从亏损到 7.06 亿元。这种业绩，因为太好而显得不太真实。

但每股经营性现金流迅速萎缩，从 0.94 元到 0.27 元，到 0.22 元，2017 年为负。

神雾环保的工业类 PPP 的运作模式，是其业绩得到快速增长的原因，但这种模式也对其经营性现金流形成了巨大的挑战，最终神雾环保没有抗住这个挑战，崩盘。

表 4.3　神雾环保业绩情况

年份	2012	2013	2014	2015	2016	2017
营业总收入（亿元）	7.25	2.77	6.36	12.1	31.3	28.09
净利润	0.97	−1.32	0.93	1.81	7.06	3.61
每股收益	0.34	−0.53	0.11	0.45	0.70	0.36
每股经营性现金流	−0.21	−1.90	0.94	0.27	0.22	−1.34

　　当然，神雾环保也是靠大量的融资来支撑这个业绩增速的，具体融了多少资金，这个都可以通过公开资料查询得到，这里也就不再赘述。

4.9　普通散户的成长股投资逻辑

　　通过上述讲解，大家应该可以看出一些结论了。

　　首先，这些都是短期暴涨的牛股，例如利亚德 3 年 15 倍，神雾也是 3 年 15 倍，迅速从几十亿元暴涨到几百亿元。

　　其次，到了几百亿元后，要么长时间震荡，业绩涨而股价不涨，要么扛不住资金压力崩盘。

　　请记住两个数据：

　　世界发展中国家突破中等收入陷阱的国家比例只有 10%。

　　高速成长股最终能够突破成长性陷阱的公司比例只有 10%。

　　投资就是需要逆向思维，散户败就败在没有逆向思维上。

　　你不能在人均几千美元的时候才投资墨西哥、马来西亚、泰国等国家，因为这些国家的增长，不是有质量的增长，当然，前期这些国家人均 GDP 从几百美元很快增长到几千美元。

　　同理，你也不能在几百亿元市值的时候，已经涨了数十倍后再去买入增长质量很差的公司，至少，应该观望一下。

　　正确的投资方法是什么呢？

在中国的 A 股市场，正确的投资方法是，**在市值较小的时候，提前发现利亚德、神雾、三聚环保的价值，几十亿元买进去，几百亿元的时候出来观望，或者就是做多已经迈过成长性陷阱、进入有质量增长阶段的企业。**

高速成长股，在市值几百亿元的时候，是极其危险的。

其实，绝大多数公司在上市后，都会有一些业绩增长。但是，为什么很多公司最终股价不涨反跌呢？

这就和我们国家的上市制度有关系了。我们国家是按照 23 倍市盈率进行上市的，但爆炒新股的风气，导致很多个股可以进入交易的时候，市盈率已经干到了七八十倍，早就透支了前面两三年、三四年的业绩，抵消掉了上市的红利。

最终如果这家企业的老板不思进取，那么公司的市值，除非是超级大牛市，无论如何也是突破不了 100 亿元市值的。

如果遇到的是想干事的企业，如三聚、利亚德、神雾，在早期，在估值合理的时候，在市值较小的时候，一定是可以干进去的，但几百亿元市值的时候，一定要出来。

而散户偏偏就是在企业遇到成长性陷阱的时候，也就是股价涨了十几倍，市值几百亿元的时候才大规模进入。

如果你没有早期发现三聚、利亚德、神雾这样企业的慧眼，那么**我教你一招，就是永远只买经营性现金流极好，业绩增长非常平滑，最好在30% 左右为宜的企业，长期用闲钱买**，因为这些企业不会遇到成长性陷阱，当然，这些企业也不会有三聚、利亚德、神雾这样三年十倍的巨大涨幅，而是持续不断地慢慢涨。

这样的企业，其实很多，大部分是在消费股领域，不信，你去找找看。

第 5 章

消费股——最适合普通散户投资的行业

本章主要内容包括：

➤ 个人消费行业——历史上长线大牛股的集中领域

➤ 历史上大牛消费股的特征

➤ 为什么说消费股适合普通散户投资

➤ 具有龙头特征的成长型消费股一览

5.1 个人消费行业——历史上长线大牛股的集中领域

中国股市从设立到现在快 30 年了，从不成熟到逐渐成熟，在这 30 年里，牛股层出不穷，各领风骚三五年，春去秋来，人来人往，但从超级长线大牛股来看，大消费行业是最稳定产出长线牛股的行业，没有之一。

广义来说，消费行业包含的范围很广，凡是为了满足个人日常生活所需或接受服务的行为，都属于消费行业范畴。消费行业按大类包括耐用性消费品、非耐用性消费品、奢侈品、服务业等，也包括提供消费服务的机构等，也就是所谓的吃穿住用行旅游等。

其实超越市场来看，无论是美国还是日本，消费股都是大行其道，历史大牛股中，消费股占据半壁江山。

在美国，1957-2003 年的大牛股中，收益率最高的 20 只股票中有 11 只为消费股。而在日本过去的 20 年中，虽然指数没涨，但消费行业出现的牛股却层出不穷。在中国，如果把针对个人消费者的公司产品都算成消费股的话（例如医药），那么过去的 15 年中，收益率最高的股票中消费股占比达到了 70% 以上，如果不算医药占比也达到了 40%，是不折不扣的牛股集中营。

另外，从我自己的认知来说，医药也是属于大消费领域的，而且医药行业也是牛股聚集的区域，例如云南白药、恒瑞医药、康美药业等都是大牛股，未来随着人口老龄化，医药行业的市场会越来越大，必然会孕育更多的牛股，但医药行业有一个问题就是专业的东西较多，普通人是不太好理解其产品和逻辑的，而且比较受政策（例如药监局的政策）影响，因此在本书中就暂时不将医药行业纳入消费行业范畴进行讨论。部分上市以来股价涨幅 5 倍以上的消费股如表 5.1 所示。

表 5.1　部分上市以来股价涨幅 5 倍以上的消费股

代码	公司	行业	上市日期	上市股价（单位：元）	2018 年 6 月 30 日股价（后复权，单位：元）	涨幅
600298	安琪酵母	食品饮料	2000.8.18	28.58	245.14	857.73%
000848	承德露露	食品饮料	1997.11.13	16.18	202.33	1250.49%
002507	涪陵榨菜	食品饮料	2010.11.23	25.5	131.02	513.80%
300401	花园生物	食品饮料	2014.10.9	9.25	105.41	1139.57%
000895	双汇发展	食品饮料	1998.12.10	12.8	387.8	3029.69%
600887	伊利股份	食品饮料	1996.3.12	9	2133.3	23703.33%
000568	泸州老窖	酿酒	1994.5.9	9	1718.58	19095.33%
000596	古井贡酒	酿酒	1996.9.27	20.8	259.51	1247.64%
000858	五粮液	酿酒	1998.4.27	29.77	1260.07	4232.68%
000860	顺鑫农业	酿酒	1998.11.4	13.77	102.79	746.48%
000869	张裕 A	酿酒	2000.10.26	25	166.46	665.84%
600132	重庆啤酒	酿酒	1997.10.30	12	142.11	1184.25%
600519	贵州茅台	酿酒	2001.8.27	34.51	4378.93	12688.87%
600559	老白干	酿酒	2002.10.29	12.2	94.26	772.62%
600702	舍得酒业	酿酒	1996.5.24	8.79	159.57	1815.36%
600779	水井坊	酿酒	1996.12.6	14.53	301.98	2078.32%
600809	山西汾酒	酿酒	1994.1.6	7.21	251.95	3494.45%
600315	上海家化	日化用品	2001.3.15	17	193.52	1138.35%
000333	美的集团	家用电器	2013.9.18	40.5	211.58	522.42%
000651	格力电器	家用电器	1996.11.18	17.5	7017.46	40099.77%
002032	苏泊尔	家用电器	2004.8.17	12.21	358.04	2932.35%
002035	华帝股份	家用电器	2004.9.1	8.19	205.19	2505.37%
002508	老板电器	家用电器	2010.11.23	35.1	190.46	542.62%
600690	青岛海尔	家用电器	1993.11.19	12	664.84	5540.33%
600104	上汽集团	汽车整车	1997.11.25	13.5	240.17	1779.04%
000069	华侨城 A	旅游	1997.9.10	12.6	308.21	2446.11%
600138	中青旅	旅游	1997.12.3	11.8	100.48	851.53%
601888	中国国旅	旅游	2009.10.15	16.11	132.77	824.15%

通过不完全的统计，我只能感叹，大消费行业真是牛股众多，而且基本是长牛股，时间越长涨幅越大。按照表5.1统计，可以看出涨幅最大的是格力电器，上市22年实现了400倍的涨幅；酒类行业牛股最多，其中泸州老窖涨幅最大，上市24年涨幅190倍，大热股贵州茅台126倍；而伊利股份上市22年实现237倍涨幅。上市时间最短的是花园生物，仅4年实现了11倍涨幅，上市时间最长的是青岛海尔，25年实现55倍涨幅。

另外，在本节中仅统计了涨幅超过5倍的消费类股票，大部分上市年限超过了十年，而最近几年，有大批的消费类新公司上市，因此，未来的10倍、百倍牛股，除了表5.1中所列的股票之外，是不是也孕育在这些新上市公司呢？答案必须是肯定的。

后续章节，我将对个人认为有持续上涨潜力且涨幅不大的部分消费类个股进行分析。

5.2　历史上大牛消费股的特征

为什么大消费领域中容易出长牛股呢？这其实和消费品的特性是息息相关的。

一是消费股周期性弱，产品属于生活消耗品，经营业绩不太受经济周期的影响。对于消费品中的刚需，是不怎么受经济周期影响的。另外，中国改革开放40年了，随着国力的增强和人民消费水平的提高，对消费升级的需求是层出不穷的。消费升级不仅表现为对商品品质的要求，而且还不断地扩展了横向的消费品类。例如，在改革开放之初，人们的主要消费点在吃，只是希望吃得好点，吃的品种多一点。而随后，除了对吃的，还对用的有了一定的要求，所以对类似冰箱、彩电、空调等有了要求。进入

21 世纪以来，随着互联网的发展，人们的消费需求更加多元化，除了吃和用，对休闲娱乐的需求越来越大，例如海外游、主题公园等消费需求就出现并且相关行业飞速发展起来了。而到了现在，儿童消费、养老消费、医疗消费又异军突起，飞速发展。每个时代都有相应的消费特征，但不变的是整个消费领域孕育了一个又一个的大牛股。而消费一般来说具有刚性，俗话说"由奢入俭难，由俭入奢易"，许多消费需求一旦产生就很难再回头，例如现在装修房子必然是全套家电，冰箱、空调一应俱全，刚性是摆在那里的，只不过增速快慢而已。

二是受新技术影响小。对于吃的方面，受新技术影响极小，消费者的味蕾和消费习惯一旦形成是很难改变的，最典型的是酒，过去 20 年，A 股市场孕育了一大批酒类的牛股，这完全是整体性的行业机会。而对于用的方面，新技术的出现对单个公司是有一定的影响的，却不影响消费者的习惯，例如空调，从消费者的感受来说这 20 年其实并无颠覆性的创新出现，并不影响消费者的习惯，各家空调厂的技术也没有绝对的领先，最后还是拼的软实力——服务和效率。而在服务行业，则完全拼的是服务和体验感。因此从整个大消费行业来看，技术对消费的影响是不大的，更多的是拼品牌和服务。

三是经过竞争后易形成品牌效应。一个新的消费子行业出现的时候，往往会有大量的企业和资本集聚其中，试图抢占一杯羹，而当行业混战到了一定的时候部分企业经过长期经营和资金投入形成较强的品牌壁垒和规模优势，获得行业垄断地位，属于品牌垄断或由品牌延伸出来的文化垄断，垄断地位更稳定。因此消费品龙头的护城河较其他行业龙头更宽、更深，更有利于抵御新进入者的威胁，使竞争优势持续时间更长。最典型的如白酒行业，经过二十余年的竞争，形成了茅台牢不可破的龙头地位和五粮液、泸州老窖等的第二梯队。再典型的如调味酱行业，老干妈基本垄断了 7-9 元的市场，无人竞争得过。

四是形成品牌后会具备行业的定价权。行业定价权体现在消费者的认知之中，例如说到空调就想到格力，说到榨菜就想到乌江牌，一旦获得了行业的一致性认知，则产品的价格就不是最重要的因素了，因为即使是提高产品价格，消费者的消费倾向也不会变，销量并不会减少。而体现在报表中则是经营性现金流极好，毛利润持续高位，ROE持续提高，等等，无有息负债或者有息负债很少，下游预收款多应收款少或者没有。下述表格为5.1节几个典型的牛股的各项指标，我们来看看消费类牛个股在财务指标上的具体体现。

伊利股份主要财务指标如表5.2所示。解读表5.2中指标数据：毛利率维持高位，大体上呈上涨的趋势；净利率持续提升，且幅度较大，而且是在毛利率尚未大幅提升的基础上，说明管理效率提高；预收款维持在20天左右，在奶制品这个保质期很短的快消品上已经很不错了；而销售现金流持续大于营业收入，说明收到的现金大于每年确认的营收；应收账款天数很短，两三天，几乎可以忽略不计；资产负债率持续降低，负债结构优化；净资产收益率连续十年维持在20%以上，且呈上升态势。整体来说，这份数据体现了伊利股份良好的发展态势，具有一定的行业定价权和极好的现金流。

表5.2 伊利股份主要财务指标

	毛利率 (%)	净利率 (%)	预收款 / 营业收入	销售现金流 / 营业收入	应收账款周转 天数（天）	资产 负债率 (%)	净资产 收益率 (%)
2009	35.13	2.74	0.04	1.19	3.07	71.79	20.78
2010	30.27	2.68	0.06	1.18	2.88	70.63	20.28
2011	29.28	4.89	0.08	1.19	2.59	68.36	35.33
2012	29.73	4.13	0.06	1.15	2.45	62.02	25.97
2013	28.67	6.70	0.07	1.17	2.37	50.38	23.15
2014	32.54	7.72	0.04	1.13	2.85	52.34	23.66
2015	35.89	7.78	0.03	1.15	3.26	49.17	23.87
2016	37.94	9.40	0.06	1.12	3.42	40.82	26.58
2017	37.29	8.89	0.06	1.12	3.62	48.8	25.22

贵州茅台主要财务指标如表 5.3 所示。解读贵州茅台逆天的指标数据：毛利率维持 90% 左右的高位，非常稳定；净利率持续维持 50% 左右的水平，也就是说只要茅台营收增长，则净利必然增长，而营收增长有两个途径，扩大产能和提价；预收款维持在 60-120 天，在 2013 年因八项规定暂时性下跌，由于贵州茅台营收巨大，因此这块数据也非常巨大，是主要的负债资产；而销售现金流持续大于营业收入，说明收到的现金大于每年确认的营收；应收账款可以忽略不计，最近两年甚至为零，说明没有应收账款，彰显企业对下游渠道的强势；资产负债率维持低位，且全部是无息负债；净资产收益率连续维持高位。整体来说，体现了贵州茅台无可争议的白酒行业一哥地位。

表 5.3　贵州茅台主要财务指标

	毛利率	净利率	预收款 / 营业收入	销售现金流 / 营业收入	应收账款周 转天数（天）	资产负债 率 (%)	净资产收 益率 (%)
2009	90.17	47.08	0.36	1.22	1.05	25.89	33.55
2010	90.95	45.9	0.41	1.28	0.35	27.51	30.91
2011	91.57	50.27	0.38	1.29	0.03	27.21	40.39
2012	92.27	52.95	0.19	1.09	0.14	21.21	45
2013	92.9	51.63	0.1	1.07	0.11	20.42	39.43
2014	92.59	51.53	0.05	1.06	0.03	16.03	31.96
2015	92.23	50.38	0.25	1.14	0.03	23.25	26.23
2016	91.23	46.14	0.45	1.57	0	32.79	24.44
2017	89.8	49.82	0.25	1.11	0	28.67	32.95

中国国旅主要财务指标如表 5.4 所示。解读旅游行业龙头中国国旅的指标数据：毛利率虽然不高，但这是行业属性决定的，中国国旅上市以来毛利率稳中有升，2017 年逼近 30%；净利率持续升高，已经突破了 10%；预收款维持在 10-15 天，预收款较少是由其生意模式决定的；而销售现金流持续大于营业收入，并且超过的幅度比较大，说明收到的现金较大幅度大于每年确认的营收；应收账款周转天数持续降低；资产负债率维持低；净资产收益率稳中有升。整体来说，中国国旅的经营情况十分稳健。

表 5.4　中国国旅主要财务指标

	毛利率	净利率	预收款 / 营业收入	销售现金流 / 营业收入	应收账款周 转天数（天）	资产负债率 (%)	净资产收益 率(%)
2009	22.6	7.19	0.05	1.23	28.77	26.92	18.67
2010	18.85	5.77	0.05	1.46	22.43	30.39	10.49
2011	20.74	6.58	0.06	1.36	21	33.08	15.59
2012	21.66	7.32	0.05	1.31	17.76	30.64	19.56
2013	23.83	8.51	0.04	1.32	16.55	25.12	18.21
2014	23.86	8.38	0.04	1.24	14.8	26.59	15.37
2015	24.43	8.09	0.04	1.27	15.42	24.4	14.15
2016	25.07	9.09	0.03	1.23	14.89	22.72	15.26
2017	29.82	10.38	0.03	1.2	11.83	28.29	19.12

5.3　为什么说消费股适合普通散户投资

在各个行业大类的上市公司中，个人认为大消费类的股票是最适合普通散户进行投资的，原因如下：

1. 这个行业有很长的坡和很厚的雪

股神巴菲特有一句名言："人生就像滚雪球，最重要之事是发现厚雪和长长的山坡。"巴菲特用滚雪球比喻通过复利的长期作用实现巨大财富的积累，雪很厚，则是指企业的盈利能力够强，年收益率很高；坡很长，比喻复利增值的时间很长，指企业所处的行业发展空间巨大，企业发展的天花板远没有到来。只有具备广阔发展空间的盈利能力强的企业才能让投资者完成财富滚雪球。而大消费行业正好符合这一趋势。

上述章节已经展示了涨幅超过 5 倍的消费类牛股，很多，而且持续稳健，并不像其他行业的股票那样具有很大的周期性。上述三个具体展示的案例中，我们可以看出来经营状况非常稳健，净资产收益率也是持续稳定在比较高的水平，而且数十年都是高位的水平，这在其他行业是难以想象的。随着生活水平的提高和消费的多元化，更多细分消费子行业的牛股会越来越多地出现在市场上。大消费行业是一个持续不断地涌现大量牛股的大行业。财富滚雪球的最好方法就是以合理的价格买入这些坡长雪厚的公司，而大消费行业永远都是一个朝阳行业。

2. 消费类的产品贴近大众，容易被理解和熟知

与工业企业不一样，大消费行业的产品是普通大众日常能够接触得到的，工业企业的大量产品具备较强的知识属性，非专业人士能看懂，而一旦看不懂则会出现认知盲点，盲目投资很容易踩到所谓的雷。对于消费品产品如何，质量怎么样，等等，到市场上去走走看看一般都能有直观的感受，并且产品也不难理解。

例如贵州茅台，就算自己不喝白酒，但随便去问几个喝酒的人进行调查，便可知道茅台酒在酒行业中的地位，再到各商店去看看，茅台酒长期缺货，就一定会大概得出贵州茅台是家好公司的结论，不会存在太多的认知障碍。再如空调，到市场上去略做调研，就会得出大部分人买空调首选格力的结论，而并不需要去认真研究格力空调的技术等，从而得出格力电器是家好公司的结论。所以对普通大众而言，与其去研究那些一般人看不懂的工业企业，不如多到市场上去走走看看，慢慢地就会发现牛股的踪迹，牛股是孕育在生活之中的。

3. 消费行业个股商业模式简单，财务报表简单清爽易懂

个人这么多年看下来，消费行业的财报是最简单的，因为其商业模式相对而言简单，特别是优秀的消费类上市公司，其报表一看就能明白是不是一家好企业。看财报是一个技术活，略懂一些财务报表的专业知识也是做价值投资的基本功，财务报表合理调节的技巧非常多，普通大众怎么学？分析报表的能力是必然赶不上上市公司财务总监的，但消费股由于其不同于工业、地产、金融等行业的商业模式，导致相对而言调剂报表的技巧较少，从而使投资者能够有效地判别一家公司的优劣。

例如前述章节的几家消费类公司的报表，把相关的指标列出来后，简单明了，是好是坏基本都能判断出来。再认真阅读年报等公开资料和到市场上进行适当的调研，判断的成功率极高，如果再辅以一个较好的买点，则长期下来投资盈利的概率将会极大。

5.4　具有龙头特征的成长型消费股一览

前述章节已经把上市后股价涨幅超过 5 倍的消费类企业清单列出来了，但实际上还有很多上市年限不太长，涨幅暂时不到 5 倍的潜在消费类牛股正在孕育之中，因为几十倍几百倍的牛股，也还不是从几倍的股慢慢涨起来的?

近几年来，上市的新股中，小而美属性的新股占比越来越大，只有企业在较小的时候就上市，才会有后来的几十倍上百倍的账户。例如贵州茅台上市以来涨了 100 多倍，那是因为上市的时候规模还比较小，而茅台成为白酒一哥的时候，市值也还不是非常巨大，买入进去也可以获得十来倍的收益，但如果贵州茅台现在才上市，已经是非常大的巨无霸了，收益就不会这么丰厚了。

虽然才上市的中小企业，90% 以上会成为僵尸，但也给了我们可以去努力挖掘这 10% 有可能成为牛股的机会，而这，就是我们持续不断的工作。

下面将列出部分有可能会持续成长的消费类的涨幅尚未超过 5 倍的股票（绝非荐股，公司规模越小，成长的过程不确定性越多，仅用于分析研究），对于上述已经涨幅超过 5 倍的股票，很多已经成为行业内的巨无霸，确定性相比已经较大，暂时就不在本书罗列，但对于所有我认为我自己能够看得懂的有可能会持续增长的股票，我会在个人公众号中持续动态跟踪。

5.4.1 海天味业

公司简介：海天是中国调味品行业的龙头企业，专业的调味品生产和营销企业，溯源于清代中叶乾隆年间开始鼎盛的佛山酱园，距今已有 300 多年的历史，是中华人民共和国商务部公布的首批"中华老字号"企业之一。目前生产的产品涵盖酱油、蚝油、酱、醋、料酒、调味汁、鸡精、鸡粉、腐乳等几大系列百余品种 300 多种规格，年产值过百亿元。1994 年，海天成功转制，成为全球最大的专业调味品生产和营销企业。2010 年 12 月，公司改制为股份有限公司，简称海天味业。2014 年 2 月 11 日，海天在上交所主板成功挂牌上市。海天味业经营情况数据如表 5.5 所示。

表 5.5　海天味业经营情况数据

年份	营业收入（亿元）	营业收入增长率（%）	扣非净利润（亿元）	扣非净利润增长率（%）	销售毛利率（%）	经营性现金流净额（亿元）	与扣非净利润之比	资产负债率（%）	ROE（%）
2010	55.2	23.03	6.41	−6.06	32.99	10.52	1.64	35.91	29
2011	60.9	10.43	9.53	48.74	35.9	11.72	1.23	33.67	35
2012	70.7	16.07	12	26.17	37.28	21.71	1.81	40.12	38
2013	84	18.84	15.5	28.58	39.23	19.3	1.25	41.77	45
2014	98.2	16.85	20.1	29.86	40.41	27.39	1.37	31.93	33
2015	113	15.05	24.4	21.49	41.94	21.95	0.90	23.89	32
2016	125	10.31	27.7	13.47	43.95	40.74	1.47	25.62	32
2017	146	17.06	33.8	22.24	45.69	47.21	1.40	27.99	31.12

海天一直致力于用现代科研技术对传统酿造工艺的传承和创新，建有规模超大、面积超 60 万平方米的玻璃晒池和发酵大罐，专门用于高品质酱油的阳光酿晒。拥有多条世界领先的全自动包装生产线，以及行业领先的国家认可实验室，并从国外引进成套科研检测设备，努力打造具有世界领先水平的调味品生产基地。

海天产品不但畅销于国内市场，还销往全球 60 多个国家与地区。在 2017 年《财富》中国 500 强中海天排名第 468 位，净资产收益率（ROE）排名全国第 9。

5.4.2 恒顺醋业

公司简介：江苏恒顺醋业股份有限公司是中国现今规模最大、现代化程度最高的食醋生产企业，全国同行业首家上市公司。恒顺香醋选用优质糯米为原料，采用固态分层发酵的传统技艺，历经制酒、制醋、淋醋三大工艺过程 40 多道工序精制而成，独具"酸而不涩，香而微甜，色浓味鲜，愈存愈醇"的特色。恒顺醋业经营情况数据如表 5.6 所示。

表 5.6　恒顺醋业经营情况数据

年份	营业收入（亿元）	营业收入增长率（%）	扣非净利润（亿元）	扣非净利润增长率（%）	销售毛利率（%）	经营性现金流净额（亿元）	与扣非净利润之比	资产负债率（%）	ROE（%）
2010	11.5	−2.14	0.32	16.23	31.06	1.53	4.78	84.75	7
2011	10.2	−11.41	−0.5	−254.12	32.17	−0.34	0.68	86.08	2.37
2012	11.5	12.67	−0.43	—	33.54	1.78	−4.14	79.91	−7.78
2013	11.1	−3.11	0.42	—	38.53	4.16	9.90	75.83	7.42
2014	12.1	8.7	0.67	60.18	39.69	2.33	3.48	41.03	7.39
2015	13.1	8.1	1.13	69.44	39.72	2.82	2.50	31.18	17.49
2016	14.5	10.87	1.57	38.17	41.25	3.14	2.00	26.83	11.19
2017	15.4	6.52	1.81	15.69	40.56	3.11	1.72	26.91	16.66

独特的"恒顺固态分层发酵技艺"被列入首批国家非物质文化遗产保护名录。作为中国四大名醋之首，在引领中国醋业发展的基础上，目前"百年恒顺"已形成色醋、白醋、料酒、酱类、酱油、麻油、酱菜等七大品类系列产品，广销 50 多个国家。同时，近年来，集团不断加大科技投入，依托国家级企业博士后工作站这一创新平台，进行食醋功能和生产工艺等方面的深入研究，先后开发出了恒顺醋胶囊、奶醋、醋豆等系列衍生产品。

恒顺产品先后 5 次获国际金奖、3 次蝉联国家质量金奖，是欧盟地理标志产品、中国名牌产品。2010 年，恒顺产品还获得上海世博会食醋行业唯一的产品质量奖。恒顺品牌获得了"中国食醋产业领导品牌"等荣誉。恒顺企业先后荣获"国家级农业产业化重点龙头企业""全国守合同重信用企业""中国调味品行业食醋十强品牌企业""中国调味品行业最具资本竞争力企业"等称号。2012 年，被认定为国家高新技术企业，2013 年荣获"亚洲名优品牌奖"。

5.4.3　绝味食品

公司简介：绝味食品股份有限公司自成立以来，专注于休闲卤制食品的开发、生产和销售，致力于为消费者提供美味、新鲜、优质的快捷消费食品，以综合信息系统及供应链整合体系为支持，通过"以直营连锁为引导、加盟连锁为主体"的方式进行标准化的门店运营管理，打造国内现代化休闲卤制食品连锁企业领先品牌。经过多年的发展，"绝味"品牌已深入人心，拥有众多忠实的消费者，在全国许多区域的消费者心目中得到了高度认可。绝味食品经营情况数据如表 5.7 所示。

表 5.7　绝味食品经营情况数据

年份	营业收入（亿元）	营业收入增长率（%）	扣非净利润（亿元）	扣非净利润增长率（%）	销售毛利率（%）	经营性现金流净额（亿元）	与扣非净利润之比	资产负债率（%）	ROE（%）
2011	13.2	—	0.78	—	17.18	0.52	0.67	31.98	10.24
2012	19.7	48.66	1.42	83.07	25.68	2.3	1.62	30	26.71
2013	22.7	15.27	1.85	30.15	27.54	1.92	1.04	31.06	27.25
2014	26.3	15.84	2.17	17.12	26.85	4.26	1.96	29.49	27.02
2015	29.2	11.09	2.87	32.44	28.59	2.15	0.75	26.72	28.41
2016	32.7	12.08	3.72	29.63	31.84	4.94	1.33	25.31	28.91
2017	38.5	17.59	4.88	31.09	35.79	6.41	1.31	19.26	22.85

绝味鸭脖是绝味食品股份有限公司的核心品牌，绝味鸭脖采用秘制香料精心烹制而成，融入楚湘传统美食烹饪技法，结合祖国传统药膳食谱，博采众长，积数年心血研制。

绝味鸭脖采取"一个市场、一个生产基地、一条配送链"的生产经营模式，业务覆盖包括北京、上海、广东、湖南等在内的 30 个省级市场，22 个大型食品加工生产基地，年服务顾客达 3.5 亿人次，门店每天 100

万人次消费，每天售出 100 万根鸭脖，门店终端零售规模近 50 亿元。通过"以直营连锁为引导、加盟连锁为主体"的方式进行标准化的门店运营管理，绝味门店总数超过 7000 家，员工达 4000 余人。绝味已发展成为全国最大的休闲卤制食品连锁专卖网络和生产体系之一，为全国鸭脖连锁领导品牌，推动食品餐饮行业的创新与发展。

5.4.4 克明面业

公司简介：克明面业股份有限公司创始人陈克明从 1984 年开始从事挂面生产研究，经过 30 多年的奋力拼搏，现已发展成为国内挂面行业领先的民营食品高科技企业。在飞速发展的历程中，克明面业积极布局全国生产基地，目前公司在河南遂平、延津、湖北武汉、湖南长沙、益阳南县等地建设有大规模的标准化生产加工基地。公司以研发生产挂面为主，其产能、销售额、市场占有率均名列全国挂面行业前茅。2012 年 3 月 16 日，公司在深圳证券交易所挂牌上市。克明面业经营情况数据如表 5.8 所示。

表 5.8 克明面业经营情况数据

年份	营业收入（亿元）	营业收入增长率（%）	扣非净利润（亿元）	扣非净利润增长率（%）	销售毛利率（%）	经营性现金流净额（亿元）	与扣非净利润之比	资产负债率（%）	ROE（%）
2010	6.45	38.31	0.46	55.13	25.85	1.06	2.30	55.48	37.94
2011	8.43	30.57	0.61	28.49	23.94	0.76	1.25	49	34.03
2012	10	18.95	0.74	22.35	23.88	1.09	1.47	21.67	14.9
2013	12.2	22.2	0.78	8.36	23.25	0.58	0.74	27.61	12.77
2014	15.3	24.68	0.46	−24.48	21.38	0.61	1.33	28.25	9.11
2015	18.2	19.41	0.94	61.13	22.05	1.42	1.51	18.59	13.57
2016	21.6	18.65	1.14	29.27	21.81	0.27	0.24	15.14	6.74
2017	22.7	4.89	0.77	−17.79	22.79	−0.26	−0.34	27.94	5.45

公司始终专注于中高端挂面的研发、生产及销售，高度重视产品质量安全，采用获得十多项国家专利的制面设备和生产工艺生产的"陈克明"牌营养、强力、如愿、高筋、礼品、儿童等多个挂面规格产品推向市场，

以其"柔韧、细腻、口感好、易熟、耐煮、不糊汤"的独特品质,赢得了广大消费者的好评。

以品牌为保障,克明面业建立了遍布全国的完整的营销体系,并与包括沃尔玛、家乐福、麦德龙、大润发、永辉等国际国内卖场在内的几千家大、中型连锁超市实现对接合作。同时,还在天猫、京东建立了电子商务平台,更便捷地服务于终端消费者。"一面之交、终生难忘","陈克明"品牌广告语传遍大江南北。

5.4.5 千禾味业

公司简介: 千禾味业食品股份有限公司成立于 1996 年,是中国专业酿造高品质健康酱油、食醋、料酒等调味品的股份制企业。公司是全国农产品加工业示范企业、中国调味品协会副会长单位、四川省农业产业化重点龙头企业、四川省级企业技术中心和四川省博士后创新实践基地。2016 年 3 月 7 日,千禾味业在上海证券交易所主板上市。千和味业经营情况数据如表 5.9 所示。

表 5.9 千禾味业经营情况数据

年份	营业收入(亿元)	营业收入增长率(%)	扣非净利润(亿元)	扣非净利润增长率(%)	销售毛利率(%)	经营性现金流净额(亿元)	与扣非净利润之比	资产负债率(%)	ROE(%)
2011	5.03	—	0.48	—	26.78	0.86	1.79	31.36	31.36
2012	5.5	9.34	0.57	18.83	29.49	0.63	1.11	32.18	22.33
2013	6.13	11.47	0.67	17.4	32.15	0.9	1.34	30.24	21.42
2014	6.51	6.22	0.53	−20.57	32.51	0.99	1.87	38.22	13.9
2015	6.24	−4.18	0.64	21.78	37.19	0.73	1.14	35.44	15.32
2016	7.71	23.62	0.88	37	40.97	0.69	0.78	13.27	13.11
2017	9.48	23	1.3	47.35	43.34	1.75	1.35	11.13	15.21

千禾味业充分利用"天府之国"好环境、好气候、好水源形成的自然发酵场优势,精选东北非转基因黄豆、小麦等优质粮食为原料,在传承中国古法酿造技艺的基础之上,创新具有自主知识产权的现代酿造工艺技

术，结合自动化成套设备和物联信息融合技术，以健康酿造理念构建严格的品质保障体系，科学还原酱油、食醋、料酒等调味品酿法自然，实现高端化、集群化、规模化的古法新酿。

5.4.6 汤臣倍健

公司简介：汤臣倍健股份有限公司创立于 1995 年 10 月，2002 年系统地将膳食补充剂引入中国非直销领域，并迅速成长为中国膳食补充剂领导品牌和标杆企业。2010 年 8 月，国际篮球巨星姚明签约成为汤臣倍健的形象代言人，同年 12 月 15 日，汤臣倍健在深圳交易所创业板挂牌上市。汤臣倍健经营情况数据如表 5.10 所示。

表 5.10 汤臣倍健经营情况数据

年份	营业收入（亿元）	营业收入增长率（%）	扣非净利润（亿元）	扣非净利润增长率（%）	销售毛利率（%）	经营性现金流净额（亿元）	与扣非净利润之比	资产负债率（%）	ROE（%）
2010	3.4	68.58	0.92	75.79	64.47	0.55	0.60	7.37	60.18
2011	6.58	90.12	1.84	100.91	64.16	1.74	0.95	7.29	11.06
2012	10.7	62.12	2.81	52.37	63.37	1.11	0.40	8.44	15.45
2013	14.8	38.96	4.22	50.3	64.7	6.27	1.49	9.06	20.57
2014	17	15.03	4.7	11.42	65.98	5.61	1.19	9.38	22.02
2015	22.7	32.91	6.09	29.54	66.28	6.35	1.04	7.17	15.69
2016	23.1	1.9	4.76	−21.89	64.4	6.85	1.44	11.72	11.76
2017	31.1	34.72	6.44	35.35	67.08	9.54	1.48	16.06	15.8

十几年来，汤臣倍健坚持执行"三步走"的差异化全球品质战略，从全球原料采购到全球原料专供基地建立，再到全球自有有机农场建立。迄今为止，汤臣倍健原料产地遍及世界各地 23 个国家，并在巴西、澳大利亚等地建立了 5 个原料专供基地，自有有机农场也在筹建中。在全球范围内不懈甄选优质原料，汇聚世界各地的营养精粹，构筑起优中选优的营养品王国。

汤臣倍健拥有行业内第一个"透明工厂"，是全球领先、品控严格的膳食补充剂生产基地之一，于 2012 年 6 月在珠海落成，并率先在行业内开放供各界参观，全球原料可追溯，生产过程全透明，近 200 项内控检测项目严于国家标准，以严苛要求打造让人放心的高品质产品。汤臣倍健一直信奉"诚信比聪明更重要"的理念，诚信乃立厂之本，"在信息不对称的情况下，诚信和透明显得尤为重要"。汤臣倍健的定位不是为客户，而是为家人和朋友生产全球高品质的营养品。

5.4.7 桃李面包

公司简介：桃李面包股份有限公司的前身是沈阳市桃李食品有限公司，成立于 1997 年 1 月 23 日。桃李面包经营情况数据如表 5.11 所示。

表 5.11 桃李面包经营情况数据

年份	营业收入（亿元）	营业收入增长率（%）	扣非净利润（亿元）	扣非净利润增长率（%）	销售毛利率（%）	经营性现金流净额（亿元）	与扣非净利润之比	资产负债率（%）	ROE（%）
2011	12	—	1.45	—	32.85	1.76	1.21	27.63	30.75
2012	15.3	27.67	2.11	45.6	35.99	2.5	1.18	17.06	35.03
2013	17.6	15.07	2.5	18.61	34.79	3.19	1.28	13.48	31.96
2014	20.6	17.08	2.7	7.85	33.22	3.19	1.18	15.96	28.19
2015	25.6	24.55	3.4	26.2	34.89	4.27	1.26	12.85	30.33
2016	33.1	28.95	4.21	23.66	36.13	5.2	1.24	13.05	22.42
2017	40.8	23.42	5.06	20.22	37.7	6.53	1.29	10.51	22.36

公司主要经营面包及糕点、月饼，是一家致力于烘焙食品生产、加工、销售的综合性公司。经过多年的耕耘和积累，公司核心产品面包及糕点所使用的桃李品牌已成长为跨区域的全国知名面包品牌。

截至 2017 年 12 月 31 日，公司拥有 33 家子孙公司，已在全国市场建立起 19 万多个零售终端。目前，公司与许多大型商超如永辉、华润万家、家乐福、沃尔玛、大润发等建立了稳定的合作关系，随着公司对南方市场的拓展，公司与该地区的知名连锁超市如步步高、人人乐、新华都、佳世客、嘉荣超市等新建了良好的合作关系，这为公司加快全国市场的拓展奠定了良好的基础。

根据我国消费者的特性及市场的需求，公司采用"中央工厂 + 批发"模式进行生产和销售，截至 2017 年 12 月 31 日，公司已在全国 16 个区域建立了生产基地，该模式下，公司具有显著的规模经济优势，在面包的细分品类上，聚焦于少而精，不追求品种多，追求单品生产销售规模，大规模的生产可降低公司的单位生产成本，直接销售给商超等终端，可大幅降低公司的销售费用。同时，公司的技术研发人员行业技术经验丰富且队伍稳定，保证了公司产品质量，提高了公司的产品竞争力。

公司在同行业中率先通过了 ISO9001 国际质量体系认证和 ISO22000 食品安全管理体系的认证。公司始终注重产品的技术研发，并引进国内外先进的设备、专业的生产技术、一流的生产工艺，生产符合国际标准、让消费者满意的产品。

公司将以"为社会提供高性价比的产品，让更多的人爱上面包"为使命，以市场需求为导向，充分抓住国民经济快速发展和消费升级的良好机遇，逐步建立并完善布局合理、高效运营的生产基地，满足国内重点市场的消费需求，提升公司品牌影响力，奠定公司在中国面包行业的龙头地位。

5.4.8　洋河股份

公司简介： 江苏洋河酒厂股份有限公司坐落于著名的中国酒乡——江苏省宿迁市洋河新区，占地总面积近 10 平方公里，拥有洋河、双沟、来安三大酿酒生产基地和苏酒集团贸易股份有限公司，是中国白酒行业唯一拥有两大中国名酒、两个中华老字号和 5 枚中国驰名商标的企业，也是中国白酒行业技术实力最强、生产规模最大、现代化程度最高的集团之一。公司于 2009 年 11 月 6 日在深圳证券交易所正式挂牌上市，成为江苏省白酒行业首家、宿迁市第一家国内中小板上市公司。2010 年 4 月 8 日，

宿迁市国丰资产经营管理有限公司将其持有的江苏双沟酒业股份有限公司
40.59% 的股份转让给洋河酒厂。2011 年 3 月 20 日，双沟酒业的股权全
部转让给洋河酒厂。洋河股份经营情况数据如表 5.12 所示。

表 5.12　洋河股份经营情况数据

年份	营业收入（亿元）	营业收入增长率（%）	扣非净利润（亿元）	扣非净利润增长率（%）	销售毛利率（%）	经营性现金流净额（亿元）	与扣非净利润之比	资产负债率（%）	ROE（%）
2010	76.2	90.38	22.1	77.36	56.31	38.4	1.74	35.65	37.13
2011	127	67.22	40	81.45	58.17	55.57	1.39	47.53	49.16
2012	173	35.55	60.3	50.65	63.56	55	0.91	37.82	50.53
2013	150	−13.01	49.9	−17.28	60.42	31.8	0.64	38.35	31.44
2014	147	−2.34	44.7	−10.43	60.62	27.12	0.61	31.4	24.53
2015	161	9.41	49.2	10.03	61.91	58.36	1.19	32.25	25.37
2016	172	7.04	54.1	9.98	63.9	74.05	1.37	32.9	24.01
2017	199	15.92	61.4	13.5	66.46	68.83	1.12	31.82	24.08

洋河大曲以产地而得名，属浓香型大曲酒，系以优质高粱为原料，以
小麦、大麦、豌豆制成的高温火曲为发酵剂，辅以美人泉水精工酿制而
成。由于推行全面质量管理，沿用"老五甑续渣法"，同时采用"人工培
养老窖低温缓慢发酵""中途回沙""慢火蒸馏""分等贮存""精心勾兑"
等传统工艺和新技术，使洋河大曲日臻完美，形成了"甜、绵、软、净、
香"的独特风格，被专家和广大消费者誉为浓香型大曲酒的正宗代表。
1979 年，在第三届全国评酒会上，洋河大曲一跃而跻身于全国八大名酒
之列。

5.4.9　口子窖

公司简介：安徽口子酒业股份有限公司是以生产国优名酒而著称的国
家酿酒重点骨干企业。1997 年，由淮北市口子酒厂、濉溪县口子酒厂合
并成立安徽口子集团公司。口子窖经营情况数据如表 5.13 所示。

表 5.13　口子窖经营情况数据

年份	营业收入（亿元）	营业收入增长率（%）	扣非净利润（亿元）	扣非净利润增长率（%）	销售毛利率（%）	经营性现金流净额（亿元）	与扣非净利润之比	资产负债率（%）	ROE（%）
2011	20.9	—	3.98	—	62.15	2.18	0.55	49	36.32
2012	25.1	19.79	4.52	13.57	61.72	4.23	0.94	46.58	31.62
2013	24.5	−2.37	3.99	−11.74	62.93	2.78	0.70	45.39	22.21
2014	22.6	−7.71	4.18	4.68	67.59	1.05	0.25	37.76	20.07
2015	25.8	14.41	6.05	44.75	69.83	5.36	0.89	26.3	20.55
2016	28.3	9.53	7.63	26.26	72.44	6.4	0.84	25.47	19.81
2017	36	27.29	10.8	40.97	72.9	15.69	1.45	33.76	24

　　2002 年 12 月，口子集团联合其他发起人股东发起成立安徽口子酒业股份有限公司（以下简称"口子酒业"或"公司"）。公司拥有首届中国酿酒大师等在内的技术创新队伍及一批国家级、省级的评酒勾兑专家和一个现代化的省级技术中心。公司拥有口子窖、口子坊、老口子等系列品牌产品，在安徽、江苏、河南、河北、山东、辽宁、北京等地区有较高的产品知名度并保持一定的市场占有率，近几年在东北和西北地区也表现出较快的市场拓展，口子窖等高档产品在销售收入中的比重逐年增大。主导产品"口子窖酒"，以其独特的风格和卓越的品质得到了社会各界的高度赞同。

　　2015 年 6 月 29 日上午，安徽口子酒业股份有限公司在上交所挂牌上市，登陆 A 股主板，成为 A 股白酒板块第 17 家、兼香型白酒第 1 家上市公司。口子酒业主要从事白酒的生产和销售，拥有口子窖、老口子、口子坊、口子酒等系列品牌产品，以充分满足各阶层消费者的需要。公司生产的口子系列白酒是目前国内兼香型白酒的代表品牌。

5.4.10　浙江美大

　　公司简介：浙江美大实业股份有限公司——创建于 2001 年，是美大集团的核心企业，中国集成灶行业的开创者和领导者。公司以科技和市场为导向，开创集成厨电系列健康环保产品，掌握核心技术和工艺，形成了完整的产业链；是一家集研发、生产、销售于一体的现代化新型高科技公司，是国内具有研发实力和规模化生产能力的集成灶专业制造商。公司于2012年5月25日成功登陆A股市场，成为集成灶行业唯一一家上市企业。浙江美大经营情况数据如表5.14所示。

表5.14　浙江美大经营情况数据

年份	营业收入（亿元）	营业收入增长率（%）	扣非净利润（亿元）	扣非净利润增长率（%）	销售毛利率（%）	经营性现金流净额（亿元）	与扣非净利润之比	资产负债率（%）	ROE（%）
2010	3.32	14.14	0.73	12.15	54.14	2.15	2.95	37.9	21.24
2011	3.51	5.62	0.75	2.19	52.72	0.79	1.05	28.67	27.95
2012	3.62	3.14	0.83	11.78	52.82	1.09	1.31	13.95	13.92
2013	3.91	7.96	0.88	5.07	53.7	1.28	1.45	14.25	12.2
2014	4.7	20.15	1.1	24.93	53.34	1.3	1.18	12.67	14.62
2015	5.18	10.28	1.29	17.55	52.84	1.56	1.21	13.9	15.32
2016	6.66	28.54	1.9	47.82	54.82	2.67	1.41	17.64	18.5
2017	10.3	54.18	2.77	45.55	53.94	4.48	1.62	21.92	25.73

美大集成灶搭载的下排油烟系统，将油烟"往上走"改为"向下排"，解决油烟逃逸问题，油烟吸除率达99.6%以上，有效解决厨房油烟污染；独特的下排烟方式，让油烟远离口鼻和面部。

美大集成灶满足了消费者环保、健康、美观的需求，为消费者带来了全新的厨房生活，成为现代厨房革命性产品。市场销量和占有率快速增长，在全国构建了完善的销售和服务网络，是中国厨电行业新的领军品牌。

公司拥有现代化制造设备，融汇精湛制造工艺；通过了ISO9001、14001管理体系认证；拥有包括国家发明专利26项、国际PCT专利9项在内的100多项专利知识产权产品列入国家火炬计划项目，获浙江高新技术企业等殊荣。

5.4.11　索菲亚

公司简介：索菲亚家居股份有限公司设立于2003年，厂区位于广州

A股价值成长投资之路

增城区宁西工业园，是一家主要经营定制衣柜及其配套定制家具的研发、生产和销售的深圳 A 股上市公司。索菲亚经营情况数据如表 5.15 所示。

表 5.15　索菲亚经营情况数据

年份	营业收入（亿元）	营业收入增长率（%）	扣非净利润（亿元）	扣非净利润增长率（%）	销售毛利率（%）	经营性现金流净额（亿元）	与扣非净利润之比	资产负债率（%）	ROE（%）
2010	6.89	70.41	0.83	78.4	36.54	1	1.20	39.97	57.25
2011	10	45.67	1.32	43.73	33.62	1.39	1.05	10.4	13.96
2012	12.2	21.73	1.73	31.06	34.9	2.04	1.18	13.67	12.23
2013	17.8	45.98	2.39	38.7	37.05	3.53	1.48	14.08	15.14
2014	23.6	32.39	3.21	33.99	37.36	3.52	1.10	17.84	18.2
2015	32	32.39	4.5	40.39	37.8	8.3	1.84	23.18	21.85
2016	45.3	41.75	6.48	43.89	36.57	11.93	1.84	25.22	22.55
2017	61.6	36.02	8.76	35.22	38.17	12.43	1.42	30.39	21.98

　　公司自 2003 年 7 月起开始生产、销售"索菲亚"品牌定制衣柜以来，凭借量身定做的定制衣柜和壁柜门相结合的崭新产品概念，成功把定制衣柜推向市场并获得中国顾客的认同。公司担任了首届全国工商联衣柜协会会长单位，并于 2011 年成为国内定制行业首家上市公司。

　　凭借资本市场筹集所得资金，公司陆续收购了索菲亚家居（成都）有限公司，成立了全资子公司索菲亚家居（浙江）有限公司、索菲亚家居（廊坊）有限公司和索菲亚家居湖北有限公司，完成公司对西部生产中心、华东生产中心、华北生产中心和华中生产中心的整体布局。

　　现今，索菲亚已全面进入"大家居"快车道，继 2014 年与法国 SALMS.A.S（现名"SchmidtGroupe"）达成合作协议，以"SCHMIDT 司米"橱柜品牌进军定制橱柜领域之后，不断开发和推进 OEM 产品和协同销售家具和家居用品，2017 年 5 月与华鹤集团合资成立索菲亚华鹤门业有限公司，全面进入定制门窗领域，拓宽索菲亚定制家居新版图。

5.4.12　尚品宅配

公司简介： 广州尚品宅配家居股份有限公司主要从事全屋板式家具的个性化定制生产及销售、配套家居产品的销售，并向家居行业企业提供设计软件及信息化整体解决方案的设计、研发和技术服务。公司主要产品及服务包括卧室、书房、儿童房、客厅、餐厅、厨房等家居空间所需的衣柜、橱柜、书柜、电视柜、床等全屋板式定制家具产品，沙发、床垫、饰品等配套家居产品，通过与消费者对家居方案的互动设计、上门量尺、柔性化生产、配送安装等服务实现消费者对家居产品的个性化定制需求。尚品宅配经营情况数据如表 5.16 所示。

表 5.16　尚品宅配经营情况数据

年份	营业收入（亿元）	营业收入增长率（%）	扣非净利润（亿元）	扣非净利润增长率（%）	销售毛利率（%）	经营性现金流净额（亿元）	与扣非净利润之比	资产负债率（%）	ROE（%）
2012	7.42	—	0.75	—	50.96	1.05	1.40	43.75	37.77
2013	11.8	58.39	1.15	53.26	47.01	2.22	1.93	50.53	41.31
2014	19.1	62.72	1.23	6.56	44.82	4.17	3.39	58.73	32.03
2015	30.9	61.47	1.37	11.17	44.96	4.55	3.32	61.69	25.79
2016	40.3	30.39	2.55	87	46.19	7.18	2.82	61.19	35.2
2017	53.2	32.23	3.35	31.04	45.11	8.79	2.62	42.63	18

5.4.13　志邦家居

公司简介： 志邦厨柜股份有限公司成立于 1998 年，是集产品研发、生产、销售为一体的专业化厨柜企业，经过 16 年的不断发展，现已处于中国厨柜行业前三强的地位，已经成为国内厨柜行业的领导品牌，目前拥有 35 万平方米超大规模现代化厨柜制造基地，年产能达 36 万套整体橱柜。目前，志邦厨柜已经与世界上二十多家品牌供应商建立全球战略合作关系，包括百隆、海蒂诗、雷诺丽特等集团已经实现跨国直接采购全套引进最先进的德国豪迈全自动智能数控流水线。志邦家居经营情况数据如表 5.17 所示。

表 5.17　志邦家居经营情况数据

年份	营业收入（亿元）	营业收入增长率（%）	扣非净利润（亿元）	扣非净利润增长率（%）	销售毛利率（%）	经营性现金流净额（亿元）	与扣非净利润之比	资产负债率（%）	ROE（%）
2013	9.7	—	0.45	—	38.94	1.27	2.82	73.06	63.67
2014	10.5	8.27	1.31	187.04	38.12	1.69	1.29	51.12	47.47
2015	11.9	13.21	1.25	−4.18	37.74	1.61	1.29	48.78	28.25
2016	15.7	32.11	1.64	30.98	36.8	2.98	1.82	52.57	30.49
2017	21.6	37.38	2.25	37.37	34.9	3.96	1.76	35.14	20.01

　　当前，志邦已在全国设立北京、上海、合肥、南京、武汉、无锡、重庆、杭州八家分公司，全国分设八大区域运营管理中心、加盟连锁1000多家、自营店面四十余家服务于中国市场。

5.4.14　顾家家居

　　公司简介：顾家家居自创立以来，专业从事客餐厅、卧室以及全屋定制家居产品的研究、开发、生产与销售，为全球家庭提供健康、舒适、环保的家居解决方案。目前，顾家家居产品远销世界120余个国家和地区，在国内外拥有超过3000家品牌专卖店，为全球家庭提供高品质的产品和服务。2016年10月，顾家家居在上证A股成功上市，股票代码603816。顾家家居经营情况数据如表5.18所示。

表 5.18　顾家家居经营情况数据

年份	营业收入（亿元）	营业收入增长率（%）	扣非净利润（亿元）	扣非净利润增长率（%）	销售毛利率（%）	经营性现金流净额（亿元）	与扣非净利润之比	资产负债率（%）	ROE（%）
2011	20.6	—	3.35	—	37.33	3.745	1.12	54.8	62.13
2012	21.2	2.68	2.67	−20.4	39.6	3.299	1.24	48.31	48.49
2013	26.8	26.62	3.35	25.38	40	4.545	1.36	45.65	52.41
2014	32.4	20.81	3.86	15.35	40.75	2.285	0.59	51.39	49.43
2015	36.8	13.74	4.43	14.6	41.13	7.621	1.72	56.28	49.88
2016	47.9	30.11	5.09	15.06	40.44	9.746	1.91	33.92	37.25
2017	66.7	39.02	6.1	19.88	37.26	11.36	1.86	38.63	22.26

目前，顾家家居旗下拥有"顾家工艺沙发""KUKAHOME 全皮沙发""顾家软床""顾家床垫""顾家布艺""顾家功能""KUKA ART 顾家欧美""全屋定制""顾家生活"九大产品系列，加上美国功能沙发合作品牌"LA-Z-BOY 乐至宝"以及"米檬生活"组成了满足不同消费群体需求的产品矩阵。

5.4.15　好太太

公司简介：广东好太太科技集团股份有限公司是一家集研发、生产、销售、服务于一体的智能家居企业，产品与服务涵盖智能晾晒、智能电器、智能锁等众多领域。历经 19 年的发展，已成为中国家居晾晒行业的品牌名片，全球已有 3000 万家庭使用好太太产品。好太太始终专注于科技创新，被广东省科学技术厅授予"广东省智能晾晒系统工程技术研究中心"称号，连续 3 次被认定为"高新技术企业"；先后获得 270 余项国家专利，"心连心结构""智能纠错""智能声控""APP 云智能控制""高集成动力模块"等多项核心技术推动产品升级与行业变革。好太太营销网络遍布全国，3 万余家销售服务网点铸就行业旗舰，各地配备专业服务团队，可为消费者提供 24 小时响应、48 小时上门的五星级售后服务。好太太的企业愿景是成为全球知名的智能家居企业，企业理念是以创新为源泉，以务实为根本，以共赢创未来，企业文化是厚德、感恩、团结、创新。企业发展策略是研制好产品，提供好服务，创建好品牌。好太太经营情况数据如表 5.19 所示。

图 5.19　好太太经营情况数据

年份	营业收入（亿元）	营业收入增长率（％）	扣非净利润（亿元）	扣非净利润增长率（％）	销售毛利率（％）	经营性现金流净额（亿元）	与扣非净利润之比	资产负债率（％）	ROE（％）
2013	5.08	—	0.8	—	33.11	0.75	0.94	24.8	49.07
2014	5.94	16.92	1.03	28.59	37.47	1.56	1.51	31.67	41.47
2015	6.79	14.22	1.29	24.98	39.82	1.64	1.27	27.34	34.01
2016	8.08	19.02	1.38	7.07	40.25	1.42	1.03	22	28.42
2017	11.1	37.75	1.81	31.69	39.96	2.99	1.65	20.32	27.95

5.4.16　晨光文具

公司简介：上海晨光文具股份有限公司是一家整合创意价值与服务优势，倡导时尚文具生活方式，提供学习和工作场景解决方案的综合文具供应商。公司是中国文具行业的知名企业，形成了儿童、学生、办公、时尚四大产品阵营，产品线的广度和深度均位居国内文具产业前列。在制笔领域，连续 4 年在中国轻工业制笔行业十强企业中排名第一。近年来，APEC 会议、博鳌亚洲论坛、全球 CEO 大会等国家级高端会议现场均可见到晨光文具的各类产品。晨光文具经营情况数据如表 5.20 所示。

表 5.20　晨光文具经营情况数据

年份	营业收入（亿元）	营业收入增长率（%）	扣非净利润（亿元）	扣非净利润增长率（%）	销售毛利率（%）	经营性现金流净额（亿元）	与扣非净利润之比	资产负债率（%）	ROE（%）
2011	14.5	—	1.65	—	26.88	0.54	0.33	34.55	28.56
2012	19	31.28	2.07	25.48	27.43	2.75	1.33	27.4	37.19
2013	23.6	24.23	2.63	27.4	27.34	2.19	0.83	28.17	35.27
2014	30.4	28.96	3.09	17.29	25.66	3.43	1.11	27.12	31.83
2015	37.5	23.19	3.84	24.56	26.55	4.97	1.29	23.08	21.44
2016	46.6	24.36	4.34	12.82	26.42	6.82	1.57	26.56	21.81
2017	63.6	36.35	5.45	25.54	25.73	7.18	1.32	33.6	24.45

公司总部位于中国上海，拥有总占地面积达 350 亩的工业园区——晨光文具工业园。该园区目前拥有全流程生产车间、精湛的笔头制造技术、先进的模具工程和设备研发中心，拥有庞大的规模制造能力和先进的全产业链的整合能力。

公司拥有一支先进水平的跨国设计师团队，并且不断整合来自世界各地创意团队和外部优质资源，开发优质文具产品，时刻保持着自身产品功能与设计的先进地位。公司开拓与国际知名动漫品牌的授权合作，先后获得了米菲、史努比、冬己、毕加索等品牌的文具授权。此外，还与韩寒、英孚教育、知名插画师、同济大学产研学跨界合作,研发出基于互联网用户思维的产品解决方案,凭借创新能力,在多个细分市场成为领跑者。

5.4.17 宋城演艺

公司简介:宋城集团,中国大型文化集团。旗下的宋城演艺是中国演艺第一股、全球主题公园集团十强企业,连续 9 届获得"全国文化企业30 强"。集团主业为文化演艺、旅游景区、娱乐综艺、主题酒店等,确立了"宋城""千古情"等品牌,产业链覆盖旅游休闲、现场娱乐、互联网娱乐等。宋城演艺经营情况数据如表 5.21 所示。

表 5.21 宋城演艺经营情况数据

年份	营业收入(亿元)	营业收入增长率(%)	扣非净利润(亿元)	扣非净利润增长率(%)	销售毛利率(%)	经营性现金流净额(亿元)	与扣非净利润之比	资产负债率(%)	ROE(%)
2010	4.45	62.74	1.71	100.6	76.28	2.5	1.46	14.85	32.54
2011	5.05	13.44	2.1	22.39	75.17	2.95	1.40	11.08	8.5
2012	5.86	16.18	2.24	7.04	69.65	3.96	1.77	8.33	9.22
2013	6.79	15.79	2.8	24.83	70.81	4.29	1.53	7.91	9.72
2014	9.35	37.78	3.45	23.3	67.18	5.28	1.53	8.54	11.01
2015	16.9	81.21	6.34	83.63	65.65	9.15	1.44	18.22	15.15
2016	26.4	56.05	8.87	39.85	61.65	10.3	1.16	13.29	15.07
2017	30.2	14.36	11.1	24.77	63.19	17.64	1.59	14.59	15.6

目前宋城集团正以"演艺宋城,旅游宋城,国际宋城,科技宋城,IP宋城,网红宋城"为战略指引,已建成和在建数十大旅游区、三十大主题公园、上百台千古情及演艺秀,并拥有六间房、中国演艺谷等数十个文化娱乐项目。旗下"千古情"系列演出创造了世界演艺市场的五个"第一":剧院数第一、座位数第一、年演出场次第一、年观众人次第一、年演出利润第一。

5.4.18　广州酒家

公司简介： 广州酒家于 1939 年建立，改革开放后，广州酒家积极开拓连锁经营，企业规模由原来的一家店发展为包括有 6 家高级酒家、1 个大型食品生产基地及 30 多家连锁食品商场等在内的大型饮食企业集团，现有职工 2000 多人，拥有中级职称以上技术人员 666 人，其中高级烹饪技师 19 人、高级点心师 15 人、高级服务技师 13 人。广州酒家经营情况数据如表 5.22 所示。

表 5.22　广州酒家经营情况数据

年份	营业收入（亿元）	营业收入增长率（%）	扣非净利润（亿元）	扣非净利润增长率（%）	销售毛利率（%）	经营性现金流净额（亿元）	与扣非净利润之比	资产负债率（%）	ROE（%）
2011	11.7	—	1.48	—	47.28	2.31	1.56	38.4	37.02
2012	13.2	13.47	2	36.23	51.27	2.45	1.23	34.26	45.37
2013	14.7	11.42	2.13	9.1	51.25	2.79	1.31	33.14	40.93
2014	15.6	5.5	2.24	2.12	53	2.54	1.13	28.03	35.65
2015	17.4	11.65	2.29	4.27	52.31	2.72	1.19	26.22	30.46
2016	19.4	11.49	2.64	13.67	52.94	3.76	1.42	28.41	30.66
2017	21.9	13.08	3.31	27.62	53.15	4.21	1.27	19.35	26.35

在餐饮服务方面，广州酒家常年供应数千款佳肴美点，菜肴色、香、味、型、皿俱佳。在历届世界性、全国性及地区性的烹饪大赛中，广州酒家屡获金牌。

在食品工业方面，广州酒家集团利口福食品有限公司是大型的现代化食品生产基地，引进了多条先进生产流水线，生产中秋月饼、速冻食品、广式秋之风腊味、西饼面包、方便食品等八大系列 160 多个品种。其中中秋月饼更成为广式月饼的龙头，位居全国前三名。

5.4.19　南极电商

公司简介： 南极电商股份有限公司前身为南极人，成立于 1998 年，总部位于上海，是一家专注于品牌授权、一站式电商生态服务、供应链管理等业务的上市公司。南极电商以"造品牌，建生态"为战略思想，在造就"南极人"名品的同时，着力构建多梯度、多维度的品牌矩阵，打造完整、丰富的品牌生态链，并最终成为中国品牌生态链的领者。南极电商经营情况数据如表 5.23 所示。

表 5.23　南极电商经营情况数据

年份	营业收入（亿元）	营业收入增长率（%）	扣非净利润（亿元）	扣非净利润增长率（%）	销售毛利率（%）	经营性现金流净额（亿元）	与扣非净利润之比	资产负债率（%）	ROE（%）
2014	2.74	—	−2.35	—	4.53	0.42	−0.18	49.48	2.33
2015	3.89	42.3	1.66	161.4	72.46	0.37	0.22	10.01	43.88
2016	5.21	33.85	2.9	75.31	87.23	4.574	1.58	23.57	21.76
2017	9.86	89.22	5.01	72.59	70.05	5.378	1.07	20.17	27.26

目前，公司旗下传统 LOGO 品牌、IP 品牌与 CP 品牌并行，涵盖南极人、卡帝乐鳄鱼、帕兰朵、PONYCOLLECTION 等品牌，经营类目亦注重全品类发展，横跨内衣、男装、女装、家纺、母婴服饰及用品、服饰配件、箱包、户外、居家日用、个人护理等众多领域。

南极电商将持续夯实、拓展品牌授权业务、一站式电商生态服务、柔性供应链业务等，围绕品牌矩阵衍生内容矩阵建设、工具矩阵建设，不断开发新的盈利增长点，并打通各业务矩阵，实现渠道、人力、资金等全方位的共享经济。

后记

7 个散户的故事

本章主要内容包括：

➤ 股民 A 的炒股故事

➤ 股民 B 的炒股故事

➤ 股民 C 的炒股故事

➤ 股民 D 的炒股故事

➤ 股民 E 的炒股故事

➤ 股民 F 的炒股故事

➤ 股民 G 的炒股故事

➤ 总结

股民 A 的炒股故事

　　介绍下 A 的背景吧。他是一位学习能力十分了得的人，20 世纪 60 年代生人，是高考恢复后前几批正牌大学生，考上大学的时候，年龄尚不到 16 岁，毕业后在高校从事基础学科的理论研究，出版过研究专著。不善交际，喜欢在书房里静静地学习和研究。

　　知道他炒股是在 20 世纪的 90 年代，当时我还是一名中学生。90 年代最红火的股票莫过于四川长虹，A 就是因为四川长虹而接触到了股市，从而深深地陷入股票之中。90 年代，当年国家为了推进证券市场的发展，在最初大众不了解股票的情况下，强行让机关事业单位的员工前来购买原始股票（现在想起来，真是天大的发财机会）。A 就被摊派了一点四川长虹的股票，没想到四川长虹一上市，股价飞涨，A 在长虹这一波升浪中赚了大概一万元，要知道，当年的工资可是每月只有两三百元，因此 A 被这个证券市场深深地吸引进来，立志在这个领域大干一番。

　　于是 A 在市面上买了不少介绍股票的书籍前来学习研究，当年最流行的就是 K 线图和跟庄，大家都认为庄是无所不能的，只要能跟上庄的脚步，就可以小发一笔财。A 买的书籍，绝大部分是技术分析类的（具体的书籍名称因时间太过久远，已经记不清了）。不过 A 的研究精神的确了得，每天废寝忘食，只要一有空闲时间，就在书房学习、记录。

　　在操作上，当时只有两种操作方式，一是在券商的营业部进行交易，二是电话挂单。获取股价信息，如果不在营业部，另外只有两种方式，一是电视有个频道滚动播股价，二是电话咨询。A 的操作方式是短线操作，根据书上的方法，选择股票，然后每天中午看股价，感觉合适就卖。在二级市场上，亏亏赚赚，但之后却再也没有了四川长虹的好运了，到底最后赚了还是亏了，不得而知，但我认为是亏了。

A 持续研究学习一年后，就放弃了。书架上还是那几本书，时间一长，灰都很厚了。之后碰到人聊炒股，A 就说，中国股市就是赌场，散户搞不过庄家的（的确这也是事实）。

接近 20 年后，我碰到 A，我肯定他没有通过炒股发财。具体他炒过哪些股票，已然记不得了。

我的感悟：其实 A 应该是可以通过炒股赚钱的，他的研究精神是很多散户欠缺的。之所以没有赚钱，我想有两个原因：一是他没有接触到正确的投资思想，当年没有互联网的情况下，信息面实在是窄，接触到的就是一些炒股赚不到钱的人写出来的书籍，当然赚不到钱；二是没有坚持，仅仅坚持一年就放弃了，如若不放弃，后面互联网时代大发展，迟早会接触到正确的思想，他这种学习能力，大概率会悟道。但是，凡事没有如果啊。

股民 B 的炒股故事

介绍下 B 的背景吧。B 是 20 世纪 30 年代出生的人，在接触股市的时候，正好退休，炒股作为其退休后打发业余时间的一种方式。B 在新中国成立前经历过良好的中学教育，新中国成立后一直在中学担任老师，直到退休。

退休后，B 延续了工作时的习惯，喜欢关注时事方面的新闻，对于国家推出股市，他是非常赞成的，也基本上成为最早的一批股民。当然，B 没有 A 那样的运气，可以通过摊派买到原始股，B 最开始就是在二级市场上进行买卖。

当然，90 年代个人的收入实在太低，B 只能拿出两三千元进行买卖。B 没有 A 那样的精神进行技术类、跟庄类的深入研究，毕竟已经 60 多岁了才开始搞股票。不过 B 对于股票的基本知识，还是了解的，清楚股票就是公司的股权，每年都要分红的。

所以 B 就只买股价低的大盘蓝筹股，只买涉及国计民生的大公司的股票，例如钢铁、交通、能源等行业的大公司。B 的交易策略就是买了就不管了，如果被套就死扛不卖，等待解套或者分红。因为 B 买的公司当年分红率还是很可观的，至少 5% 是有的，所以不卖也是存在且合理的。但如果股价涨幅超过了买入价格的 20% 及以上，B 是绝对要卖出的，害怕到手的利润被回吐回去。B 年龄比较大，不会电话委托，每天送完孙子到学校后，正好可以到证券营业部看盘，和股友交流，所以交易方式也是现场挂单买卖。

B 的研究精神也是可嘉，每天从营业部回来，本子上都是记录的满满的几大页的信息，而且从单位的收发室定期去搜集类似人民日报、经济日报等报纸阅读宏观和微观经济层面的新闻。B 本不是搞经济的，但他在宏观经济政策上面真是说得头头是道，对吴敬链的股市赌场论也是比较赞成的。

这么多年，他秉承一个理念，买国有背景、不会倒掉的企业的股票，会比较稳妥，坚决不去赌。

目前 B 已经 80 多岁了，因为年龄原因，前几年离开股市，颐养天年了。据我判断，B 应该是在股市赚了一些小钱的。

我的感悟：B 的投资逻辑应该是没有问题的，买钢铁、汽车、能源等蓝筹股也没有问题。但我判断 B 应该还是有股票是亏损出去的，并不是全部盈利。之所以没有赚到大钱，主要还是没有突破人性的弱点，害怕利润回吐，因此每次操作只能赚点小钱，而不能基于基本面长期持有。我记得 B 买过马钢股份，股价从 1995 年到 2007 年，12 年涨了 30 倍，只不过 B 肯定又只赚了点小钱就卖了。

股民 C 的炒股故事

介绍下 C 的背景。C 生于 20 世纪 70 年代，读书期间成绩一般，加上 80 年代考入大学极为艰难，因此读完高中就出来接班了，在一家国有企业担任一般工作人员。C 不善于学习，不喜欢看书，喜欢赌博，但在赌博界也没搞出个什么名堂。

C 接触股市是在 2006—2007 年的大牛市中。2006 年下半年，牛市初显，C 被周围的人赚钱效应所吸引，到证券公司开了一个账户，从此走上了不归路。C 最初只投入 1 万元进入股市，没想到一个月不到就赚了 2000 元，大呼这个钱比赌博来得快多了，于是把所有的积蓄 20 万元全部投入股市中。

C 从不学习，也不买书来看，买卖什么标的以及如何买卖，完全是听朋友的消息。C 的工作很轻松，在炒股前期，每天上班打卡之后就跑到营业厅去看盘和别人吹牛，后来积累了一些炒股朋友后，加入了一些炒股的群，就回到办公室利用炒股软件操作，天天在炒股群里打听消息和聊天，正经工作基本废掉。

C 的风格就是快进快出，有盈利赶快抛掉，如果被套就先死扛，或者听从股友的意见，决定是否割肉。因为 2006—2007 年是大牛市，几乎每次被套后都能解套，所以后期 C 越来越少割肉了。但每次基本都只赚了那么一点渣渣钱就卖了。长期在炒股群里混，C 虽然没有系统认真学习过，但也大概知道一些指标，例如 KDJ、RSI、MACD 等，并经常挂在嘴边炫耀。

2007 年我看到过 C 两次因炒股而恐惧。一是 2007 年 2 月 27 日，大盘大跌 8.84%，几乎全线跌停，C 的脸色极为不好看，不过那天只是单日大跌，后来股价在很短时间内又起来了，C 的脸色又好看了；二是 530，C 没有跑得出来，市值腰斩，因此异常恐惧，到处问人怎么办。我估计 C 在股价连续跌停后，第一波反弹中卖出了筹码，亏损了一笔钱后出来了，但后来看到股价却接连涨停，后悔得捶胸顿足，又追高买入。

C 最喜欢的就是打听消息和买低价股，从不看公司的基本面。2007 年上半年，市场上 2-3 元的股还很多，这就是他的最爱，股友推荐的股，也基本是如此，20 万元的市值买了十多只股票，每天进进出出，不亦乐乎。有次有个低价垃圾股连续 4 个涨停，把他高兴得买了几百元的礼品去送给向他推荐这只股票的股友。

2007 年结束后，据说 C 全年赚了十几万元，但交易成本也是十几万元。不过 C 还是很高兴，毕竟收益率接近翻番。可是，我看了 C 操作过的股票，只要全年持股不动，最差的一只，在 2007 年收益都是 400%。

十年后，C 仍然在股市中搏杀，据说他每次熊市都会亏一大笔钱，但每次牛市来临的时候，又会重复他的老路，买低价股，做短线，然后熊市被套，偃旗息鼓，牛市来的时候，又追加资金进去，然后熊市来了又亏。十年了，不知追加了多少辛苦赚来的工资进去。好在 C 从来都是拿自己的资金进去炒股，从未在外借钱炒股加杠杆，再加上本身有工资收入以及没有贷款的房子，所以基本生活从未受影响。不幸中的万幸。

我的感悟：C 完全就是目前在市场中的大部分散户的模板，贪婪、恐惧，不爱学习，打听小道消息，虽然入市已经十来年了，但仍然是一个新股民，从未进步。这种操作方法，长期下去必输无疑，就是任人割的韭菜。如果在市场上不学习不研究不下苦功夫，销户走人是最好的方式，可是这样一个大的投机市场中，又有几人能在牛市中拒绝诱惑？

股民 D 的炒股故事

介绍下 D 的背景吧。D 出生于 20 世纪 70 年代初，80 年代末考入某重点大学，毕业后一直在一家央企工作。炒股的历史算起来比较久远，90 年代末就已经开户了，所以实战经验还是比较丰富的。

D 的学习能力还是比较强的，但他的特点是不喜欢看书，喜欢自己在市场上摸索，他的理念就是实践中出真知。我认识他的时候已经是 2008 年之后了。每天上班，除非有特别重要的事情，其他时间 C 肯定是在电脑前看盘，因此也错过了很多工作上的机会，所以这么多年了 C 也没有被提拔。但 C 是 70 年代生人幸运的那一批人，大学未扩招，分配了一份好工作，虽然没有被提拔到领导岗位，但在中国经济社会大发展的十年里，收入也是节节向上，远超一般的工作人员，分到福利房，持有房产两三套还没有贷款。

D 的风格是做超短线，完全根据盘面信息来判断是买入还是卖出。每天几乎满仓进出，交易量惊人，而且经常有神来之笔，例如在跌停买入，当天涨停赚 20% 的案例，例如半个月以 50 万元赚到 20 万元的案例。C 很活跃，经常说他的这些神来之笔，搞得我完全不好意思说我持有半年才赚 10% 的案例。他的这种单日神来之笔的案例确实很多，让我很长一段时间认为他是赚了大钱，但有些时候又很长时间不见他说起他的股票。

其实 D 的资金量并不大，估计有 100 万元，但满仓进出的风格，一年下来交易量几千万元上亿元也是有可能的。D 经常在 K 线的下引线找股票，找准目标后几十万元迅速买进，第二天赚几个点后迅速卖掉，如果不幸被套了，则根据情况，如果大盘情况不妙，也迅速割肉卖掉。我记得 2015 年的股灾 1.0，D 见情况不妙，迅速跑掉，避免了前期的亏损，但不幸在 7 月 6 日国家队进场后被连续吃跌停，资金损失 30%。

但 D 从 90 年代末炒股到了 2017 年，快 20 年了，资金量还是只有 100 万元，以他平时的表现，我认为他大钱是没有赚到的。他自己也说了，钱进进出出，不知道是投入了多少进来了。后来我明白了，D 只把他赚钱的案例拿出来吹嘘，但亏钱的案例从来不说。

我的感悟：其实我感觉 D 还是有可能赚到大钱的，这么多年的看盘经验，D 的盘感应该很强，可惜其操作并未形成一套行之有效的方法，而是很随意。D 应该系统总结一下自己的方法，形成一套量化系统，确保自己的方法的数学期望值为正。但可惜的是，D 连书都不想看，更不可能进一步深入研究操作系统了，他常常说的一句话就是，"年龄大了，书看不进去了，不想深入研究了"。看来 D 也只能跟随自己的盘感一直这样赚赚亏亏，给券商和国家贡献手续费和税收了。

股民 E 的炒股故事

介绍下 E 的背景吧。E 是 20 世纪 60 年代末生人，80 年代末大专毕业进入一家国有企业工作，直到现在。虽然原始学历不够高，但那个时候读大专也不算差，经过自身的努力，E 在单位已属于前辈和骨干之类的员工了，虽然没有担任领导岗位，但在专业方面比较精通，工资收入不菲，房子有几套。

E 的操作风格和 D 极为类似，也是做超短线，也是相信自己不相信书籍，从来都是自己研究。E 在 40 岁之后，提拔无望的情况下，慢慢地淡出了工作，但由于业务精通，所以在单位的地位还是很高。

每天 9 点半 -11 点半，下午 1 点 -3 点是完全的炒股时间，其余才是工作时间。每天看盘时间不得有任何人去打搅他。E 的炒股历史也很久远，也是 20 世纪 90 年代入市的。他极为自信，不相信任何人的意见，操作完全由自己判断（对这点我还是很认同的，独立判断）。

但独立判断应该建立在正确的思路中才会有前途，可惜的是 E 一直在错误的路上越走越远，他非常固执地认为，A 股市场，没有投资，只有投机，所以天天在里面短线赌博，认为自己可以战胜市场，战胜趋势。据我了解，E 应该也是没有形成系统的操作，随意性很强，到底 E 之前赚到钱没有，我的确不知，估计应该赚了一点小钱吧。

E 和 D 最大的区别在 2015 年股灾后体现出来了。D 完全是自有资金，而 E 大肆在外面借钱炒股，不仅做了融资融券，还做了伞型信托的配资，另外还从其他渠道借了钱。至于是什么渠道，借了多少，不得而知。

股灾后，我发现 E 突然苍老了不少，头发也白了不少，我猜想应该是爆仓了，很有可能本金损失殆尽都不够，还欠了外面的钱。股灾每天无量跌停，想平仓都不可能，等到可以平仓的时候，本金已不能覆盖负债。这种是最残酷的爆仓。

一个决策，决定了谁在天上，谁在地狱。几十年的心血，毁于一旦。E 后来卖了房子，我估计是用于还债了。现在 E 就靠工资，苦苦支撑着。

我的感悟： E 是我见到的炒股炒得最惨的人之一。其实 E 是学习能力很强的人，既然在单位都能成为骨干，那么学股只要坚持，也会逐渐有成果的。但 E 就是不想看经典类的投资书籍，而且一直被错误的言论所误导，更惨的是贪婪的心理导致他大量加杠杆，爆仓是确定的结局。

股民 F 的炒股故事

介绍下 F 的背景吧。F 出生于 20 世纪 60 年代初，目前已快到退休年龄了，现在在一家国有企业工作。我对他接触不多，但从很多人口中知道了他的传奇故事。F 在 20 世纪 80 年代初进入这家机构，一直在这家单位

A股价值成长投资之路

待了 30 多年，目前一年工资大概有 20 多万元。人长得其貌不扬，也很朴素，和众多 80 后一起挤在大办公室的小格子里办公，每天按时上下班。

F 也是 90 年代进入股市的那一批人，前期如何操作的我不知道，但大概从 1995 年开始，他就只买一只股了，而且从来不卖出。他买的这只股就是万科。不知道 F 是如何走到这条价值投资的路上来的，也不知是歪打正着还是在悟通了投资的道路之后，总之他一直定投万科，每个月结余出来的工资雷打不动地买入万科，不管股市牛熊，不管万科涨跌。

期间他周围很多的人都在指指点点，说应该卖了，做差价，做波段，他都不为所动。2008 年，万科股价跌了 75%，许多人为他惋惜，没有卖在 2007 年的最高点，他只是淡然一笑。

2015 年，我听到他的朋友说起他的案例，但这位朋友还是说，他应该在 2007 年卖了，因为 2008-2015 年，万科没有突破以前高点，股价没有涨，换成其他股票应该不知道赚多少了。这几年股价虽然没有涨，但是 F 在这六七年里，分红收入达到几百万元。

2016 年，万科股权之争，许多人又在说他该卖了，万科太危险了，他还是不为所动。也许，不为所动有多层原因，也许是 F 早就财务自由了，不在乎涨了还是跌了，也许是仍然坚定地看好万科。2016 年年末，随着万科股权之争逐渐谢幕，万科股价悄然新高，F 的市值又新高了。

F 应该在万科上面累计投入了几十万元，前期少，后期随着收入增加多投入了点，我知道他的市值目前在 3000 万元左右，每年稳定分红几十万元。这是一个完全值得我们学习的成功案例。

F 相当低调和淡定，与世无争，几乎不和人讨论股票，也许成功做股的人士就是这样吧！

我的感悟：这是成功投资的典型案例，找到成长股，坚定持有。F 抓住了万科高速成长期戴维斯双击的机会。后续万科成为价值股后，享受其高额分红。其实人一辈子，抓住几只成长股即可，用不着在股市里进进出出。F 值得让我学习的，还有他那淡定的心态。3000 万元的市值，几十万元分红，但他还在坚持每天上班，挣 20 万元的年薪。

股民 G 的炒股故事

介绍下 G 的背景吧。G 是 80 后，年龄与我相仿，重点大学本科毕业，不善言辞，低调内敛，从不生气，与人交流，从来都是轻言细语。

G 也从不在办公室高谈阔论关于股票的事情，低调到让人不知道他在炒股。一两年后，他们部门传出了 G 炒股很厉害的言论，于是我前去讨教，结果他一句话就把我打发回来了："他们是乱说的。"

2014 年，G 因为家庭原因辞职。2016 年，和他关系非常好的一位前同事跟我说了他的炒股情况。在 2013-2015 年三年里，G 成功地把 40 万元做到了 500 万元级别，而且是在没有加杠杆的情况下。这位同事说，他最佩服他的就是股票拿得住，一定要拿到自己满意的价格才会出，而这点是他自己做不到的。

例如，G 在渝开发这家公司上面，就赚到了 4 倍左右的利润，从 3 元多一直拿到了十几元才卖出。股灾 1.0 完美地避开，并且抓住了 2015 年 4 季度的反弹机会。

G 热爱学习，白天认真工作，晚上的时间基本奉献给了学习股票，看了不少经典书籍，天天研究，厚积薄发，终于在 2013 年后，取得了相当不错的成绩。

这位同事感叹，他最开始对 G 的方法不太认同，但事实证明，G 的方法行之有效，但这位同事还是感叹，虽然知道这种方法行之有效，但的确他是不可能像 G 一样长时间地拿住一只股票，而是想高抛低吸做差价，人性使然啊。

我的感悟：虽然我对 G 的具体操作选股模式等不太了解，但通过周围信息的搜集，我认为 G 成功的要素在于极为稳定的心态。虽然对于渝开发选股标的不太好，但通过极为过硬的心理素质，硬是可以取得 4 倍收益，不得不让人感叹心理素质对于投资的决定性作用。另外，G 极为勤奋，应该也是以前在炒股上吃过亏的，才促使他努力地学习，并且找到了正确的道路，还练就了强大的心态。低位抓住一只股，只要基本面是好的，潜伏，持有，等待拉升，到高估期或者成长末期卖出，就是一个行之有效的策略。

总结

以上 7 个股民的炒股故事，都是真人真事，都是笔者这么多年接触到的。今天在这里简单叙述了下他们失败和成功的故事。各位可以对号入座，也可以想想他们为什么会成功，为什么会失败。然后再比照自己，哪部分还做得不够，需要去弥补。

我有两位朋友，一位买了几百万元的别墅，另一位买了 70 万元的奔驰汽车，共同点就是不炒股，连户没有开，靠兢兢业业、踏踏实实工作挣工资升职加薪。我经常打趣，能够致富的道路就是坚决不开股票账户。的确，**要通过炒股致富，对一般人来说太难太难，有时反而会亏掉不少钱出去。**

要在这个残酷的市场生存且要赚钱，对人的要求非常高，因为大部分人做不到以下几点，所以证券市场不适合大部分人。各位请自重，**如果做不到，最好销户走人，去购买固收产品，才是上策。**

必须加强学习。阅读经典书籍及学习他人成功的经验。通过阅读获取知识，多读经典书籍，多思考，可以让我们少走弯路。

必须靠自己独立思考。依靠他人，靠得了一时，靠不了一世，具体操作方面，你根本跟不上高手的节奏，理解不了他的思维。

找到适合自己的交易系统。在学习和实践中慢慢地形成自己的操作风格和方式，无论是技术投资、趋势投资还是基本面投资，其实都是有办法赚钱的。

闲钱投资。千万不要把身家性命的钱投进来。在初期投点小钱进来学习，因为基本上这个钱是要亏出去的。

不熟悉不做。驾驭不了杠杆，就暂时不要去加杠杆。不熟悉的股票，不要去做。

不要好为人师，低调做人，敬畏市场。不要懂那么点三脚猫的功夫，就到处显摆，还差得远呢。我见过的高手几乎都是很低调谦卑的。

一定要相信自己。学股之路非常难，如果决定了要在这条路走下去，那就一定要坚持！再苦再难都要坚持。很多人都是没有坚持下来而被市场消灭的。

克制自己的贪婪和恐惧。贪婪和恐惧是亏损的根源，在实战中尽量控制自己内心，反其道而行之。我知道这很难，但不得不说投资需要反人性。在漫长的学股历程中逐渐修炼自己吧，这是投资进阶最难的关卡，和一个人的学历无关，和知识无关。我相信只要坚持学习，大亏两次之后，还是很有希望可以慢慢练就强大的心态的。